Marianne Loibl

Rote Drachensuppe
Kochen für kranke Kinder

ℴ Die 60 leckersten Rezepte
ℴ Extra: Die wichtigsten Hausmittel

www.knaur.de

Inhalt

Kranke Kinder richtig ernähren

Erinnern Sie sich noch an Tage in Ihrer Kindheit, an denen Sie krank waren? Wahrscheinlich wissen Sie nur noch wenige Einzelheiten, einige Bilder, doch mit Sicherheit vergessen Sie nie, wie Sie sich als krankes Kind gefühlt haben: Da war eine Mischung aus Angst, Schmerz, Schwäche und dem Gefühl, etwas Fremdem ausgeliefert zu sein. Bestimmt gibt es aber auch bei jedem angenehme Erinnerungen an Geborgensein, liebevolle Zuwendung und eine Extraportion Verwöhntwerden.

Omas Apfelbrei

Wissen Sie noch, welche Krankengerichte Ihre Mutter oder Ihre Großmutter zubereitete? Mir stehen noch heute die Haare zu Berge, wenn ich an Omas geheimnisvollen Apfelbrei denke. Sie servierte ihn, wenn nach fieberhaften Infekten die Verdauung nicht mehr in Schwung kommen wollte und Verstopfung drohte. Ich weiß nicht, was in dem Brei war, und kann heute leider nicht mehr nachfragen. Ich weiß nur, dass er wirkte – und scheußlich schmeckte. Meine beiden Großmütter hatten viele Heilmittel parat – manche würden auch heute noch bei jedem naturheilkundlich praktizierenden Arzt Zustimmung finden. Andere Methoden dagegen würden moderne Mediziner erbleichen lassen. Doch die Kinder, die bis in die Nachkriegszeit zur Welt kamen, wurden in den seltensten Fällen zu einem Arzt gebracht – schon gar nicht wegen eines Infektes. Die Frauen halfen sich mit Hausmitteln und Heilkräutern aus der Natur. Das Wissen hierüber wurde jeweils an die Tochter weitergegeben.

Was uns so romantisch erscheint, bedeutete damals für die Menschen ein hartes Leben. Die Kindersterblichkeit war hoch, und Infektionen, die heute mit Antibiotika bewältigt werden, kosteten damals nicht wenigen Kranken das Leben.

Kind krank – was is(s)t jetzt?

Es ist nicht leicht, einem kranken Kind richtig Appetit zu machen, schon gar nicht, wenn es ohnehin ein »schwacher Esser« ist. Zunächst sollten Sie gelassen bleiben.

- Bei Fieberschüben und akutem Erbrechen und Durchfall darf Ihr Kind das Essen verweigern. Akzeptieren Sie seine Ablehnung, es hat einen guten Instinkt für seine Bedürfnisse. Wichtig: Bieten Sie ihm viel zu trinken an. Lauwarmer Früchtetee oder vom Arzt empfohlener Kräutertee oder stilles Mineralwasser sind jetzt die besten Getränke.

- Geht es Ihrem Kind wieder besser, steigt meistens auch der Appetit wieder an. Falls Ihr Kind jetzt Lust auf Bratwurst mit Pudding bekommt, ist Ihr Überzeugungstalent gefragt – und das passende Gericht für das jeweilige Krankheitsbild. Genügend Auswahl finden Sie im Rezeptteil.

- Bieten Sie kleine Portionen an, und seien Sie nicht enttäuscht, wenn Ihr Kind anfangs nur wenige Bissen zu sich nimmt. Der Hunger kommt wieder, doch seien Sie konsequent bei der Wahl dessen, was sie anbieten. Dies gilt besonders bei Magen-Darm-Infekten.

- Besorgen Sie rechtzeitig ein schönes Kindergeschirr – bunt, fröhlich oder mit einem Lieblingsmotiv Ihres Kindes. Dieses Gedeck bleibt Krankentagen vorbehalten und hebt dann bestimmt Laune und Appetit.

- Seien Sie großzügig, wenn es um den Essplatz und die Tischmanieren geht. Benimmregeln können Sie an gesunden Tagen vermitteln. Versuchen Sie eine Balance zu finden zwischen liebevoller Rücksichtnahme und notwendiger Konsequenz. Es kann sonst schwierig werden, das Kind vom Kranken-Essplatz (Omas Schoß, Sofa, Fensterbank ...) wieder an den Tisch zu holen.

○ Vermeiden Sie, das Gericht als »suuuperlecker« oder »sooo gesund« anzupreisen. Das macht kleine Schlaumeier erst einmal skeptisch. Denken Sie sich stattdessen abenteuerliche, lustige oder romantische Namen für die »Kranken-« speisen aus, die Ihrem Kind gefallen könnten.

Mit gezielter Ernährung schneller genesen

Es wäre zu schön, wenn man allein durch bestimmte Nahrungsmittel Erkrankungen heilen könnte. Doch das ist nicht möglich. Viele Erkrankungen im Kindesalter lassen sich aber mit gezielter Ernährung positiv beeinflussen, sodass die medizinische Behandlung damit wirkungsvoll unterstützt wird. Wer sich bei einem Magen-Darm-Infekt konsequent mit Schonkost ernährt oder bei fieberhaften grippalen Infekten mit leichter, vitalstoffreicher Kost, der fühlt sich nicht nur während der Erkrankung wohler – er gesundet auch rascher, weil sein Stoffwechsel entlastet wird. Der Körper kann seine Selbstheilungsprozesse leichter aktivieren und die Hilfe, die ihm die Medikamente gewähren, effektiver nutzen.

Im Krankheitsverlauf werden einige Nährstoffspeicher oft radikal geleert. So verliert der Körper beispielsweise bei Durchfall und Erbrechen extrem viel lebenswichtiges Kalium. Diese Speicher gilt es, wieder aufzufüllen, damit Mangelerscheinungen möglichst gar nicht erst auftreten.

Rezepte, die für spezielle Allergien oder ernährungsbedingte Erkrankungen bzw. Stoffwechsel-Erkrankungen geeignet sind, würden den Umfang des Buches sprengen und sind deshalb hier nicht zu finden. Solche ganz individuellen Diätrezepte müssen extra für Ihr Kind von Ihrem Kinderarzt und einem Ernährungswissenschaftler erstellt werden.

Gesund, aber zum Ausspucken gut

Was nützt gesunde Vollwertkost, die Kinder zum Davonlaufen finden? Nichts. Die Rezeptsammlung bietet Ihnen ausgewählte Gerichte, die nicht nur bei den jeweils beschriebenen speziellen Beschwerden positiv wirken. Sie schmecken Kindern akzeptabel bis ausgezeichnet gut – großes Indianer-Ehren-

Info

wort von vielen Kindern, darunter auch mein Sohn und meine Tochter (Letztere eine zuweilen besonders kritische Ess-Prinzessin). Probieren Sie es aus, bestimmt findet auch Ihr Kind seine Favoriten bei den Wieder-Stark-Rezepten.

Die meisten Gerichte lassen sich übrigens schnell zubereiten. Gesunde Küche ist wichtig, aber Sie wollen Ihre Zeit doch bei Ihrem kranken Kind verbringen und nicht in der Küche! Die Zutatenmengen für die Rezepte sind entweder für ein Kind vorgesehen, also eine Portion etwa für die Bauchweh-Diät, Tees und Säfte. Oder aber sie reichen für vier Personen (bitte beachten Sie die Symbole), denn am besten schmeckt es, wenn alle mitessen und die Eltern mit positivem Beispiel vorangehen.

Ist Ihr Kind zu oft krank?

Vom Kleinkindalter bis zur Einschulung ist ein Infekt pro Monat normal. Solange sich Ihr Kind körperlich und mental gut entwickelt und es »Verschnaufpausen« zwischen den Infekten gibt, sehen Kinderärzte keinen Anlass zur Sorge. Auch bis zu zwei Antibiotika-Therapien pro Jahr sind im Rahmen. Sie können Ihrem Kind jedoch helfen, sein Immunsystem zu trainieren. Ein Baustein ist ausgewogene, vitaminreiche Ernährung.

Was »Bauchweh« alles heißen kann

Bauchweh gehört zur Kindheit wie aufgeschlagene Knie. Es liegt zentral, das kleine Bäuchlein, und bisweilen ist es tatsächlich Schaltzentrale für die großen Gefühle unserer Kleinen. Ob Freude, Anspannung, Angst oder Müdigkeit – das schlägt häufig auf Magen und Darm. Kinder nehmen oft auch Schmerzen, die von anderen Körperteilen ausgehen – etwa dem Kopf –, erst

einmal im Bauch wahr. Sie haben feine Antennen für das Verdauungssystem, nehmen die Darmtätigkeit wahr, die wir Erwachsenen im Alltagsgeschehen schlicht »überfühlen«. Beginnende Infekte starten sehr häufig im Bauch, und so kann diese Reihenfolge auch für Ihr Kind typisch werden: Bauchweh – Erbrechen – Fieber – grippaler Infekt, also kein Magen-Darm-Virus.

Natürlich haben Kinder auch einmal tatsächlich Verdauungsbeschwerden. Heftige Bauchschmerzen können auf eine gefährliche Komplikation (entzündeter Blinddarm, Darmverschluss) hindeuten. Kinder, die häufig unter Verstopfung leiden, sind wahrscheinlich schwache Esser. Achten Sie bei solchen Kindern darauf, dass sie viel Flüssigkeit zu sich nehmen, ebenso wie faserreiches Obst und Gemüse (keine Bananen!).

Bauchschmerzen: Wann zum Arzt?

Nehmen Sie Ihr Kind ernst, wenn es über Bauchschmerzen klagt. Scheuen Sie sich niemals, Ihren Kinderarzt aufzusuchen, wenn Sie etwas beunruhigt!

- Benachrichtigen Sie einen Kinderarzt, wenn beim Kleinkind innerhalb eines Tages keine Besserung eintritt.
- Der Arzt ist auch gefragt, wenn das Kind kolikartige Schmerzen oder kalte Schweißausbrüche hat oder wenn es apathisch wirkt.
- Gehen Sie bei hartnäckiger Verstopfung oder bei wiederkehrenden Beschwerden unbedingt zum Kinderarzt, um eventuelle Erkrankungen auszuschließen.
- Säuglinge mit Durchfall und Erbrechen müssen rasch dem Arzt vorgestellt werden. Je geringer das Körpergewicht, desto schneller drohen lebensbedrohliche Austrocknung und Mineralstoffmangel durch den Flüssigkeitsverlust.

Kümmelöl-Kompresse

Einen Streifen Watte (ca. 10 cm breit) wie ein Päckchen in eine Stoffserviette wickeln. Ein zweites Tuch mit heißem Wasser tränken und leicht auswringen, bis es nicht mehr tropft. Träufeln Sie etwas Kümmelöl um den Nabel Ihres Kindes und reiben Sie es sanft im Uhrzeigersinn ein. Legen Sie das warme, nasse Taschentuch darüber, dann das Wattepäckchen, und binden Sie einen weichen Wollschal darüber. Die Kompresse darf so lange auf dem Bauch bleiben, wie es Ihrem Kind angenehm ist, längstens aber 30 Minuten. Sie kann bis zu viermal täglich angewendet werden.

Was noch hilft

Weniger is(s)t mehr!

Bei Magen-Darm-Infekten im akuten Stadium hat sich das Ausnüchtern bewährt – also keine Nahrung aufzunehmen und nur den Flüssigkeitsbedarf zu decken. Kinder handeln meist instinktiv richtig und verweigern das Essen. Die Bakterien oder Viren im Verdauungstrakt müssen beseitigt werden. Dies geschieht, indem der Mageninhalt erbrochen und der Darminhalt beschleunigt, also in Form von Durchfall, nach draußen befördert wird. Hierbei verliert der Körper viel Flüssigkeit. Ist das Erbrechen vorbei und der Durchfall reduziert, kann der Nahrungsaufbau mit Schonkost eingeleitet werden.

Ernährung bei Magen-Darm-Infekten

- Akutphase: nichts essen; schluckweise oder teelöffelweise möglichst viel Tee oder stilles Mineralwasser trinken.
- 1. Aufbautag: Zwieback oder Salzstangen, geriebener Apfel, möglichst viel Tee und stilles Mineralwasser.
- Ab 2. Aufbautag: Zwieback, Salzstangen oder Kümmelwaffeln, geriebener Apfel, viel trinken und die Gerichte ab Seite 22.

Grippale Infekte – ständig erkältet?

Greifen Viren die Schleimhaut im Nasen-Rachen-Raum an, ist es da, das Rotznäschen. Meist reicht schon ein banaler Schnupfen aus, um den Appetit des Kindes zu reduzieren. Reichen Sie Ihrem Kind leichte Kost, am besten auch viel mundgerecht zubereitetes Obst. Wenn es gar nicht anders geht, können Sie auch einen Multivitaminsaft reichen (zweimal täglich ein Glas). Dies sollte jedoch die Ausnahme bleiben für die Akutphase, in der Ihr Kind vielleicht keine feste Nahrung zu sich nehmen möchte.

Aufsteigendes Fußbad

Es hilft bei beginnendem Infekt ohne Fieber, aber auch nach dem Toben draußen, wenn die Füße kalt oder/und nass sind. Dazu füllen Sie lauwarmes Wasser in einen Eimer, sodass die Knöchel Ihres Kindes bedeckt sind. Nach und nach gießen Sie heißes Wasser zu, bis die Temperatur auf 40 °C gestiegen ist (Vorsicht beim Zugießen!). Nach zehn Minuten die Füße abtrocknen und dicke Socken überziehen.

info

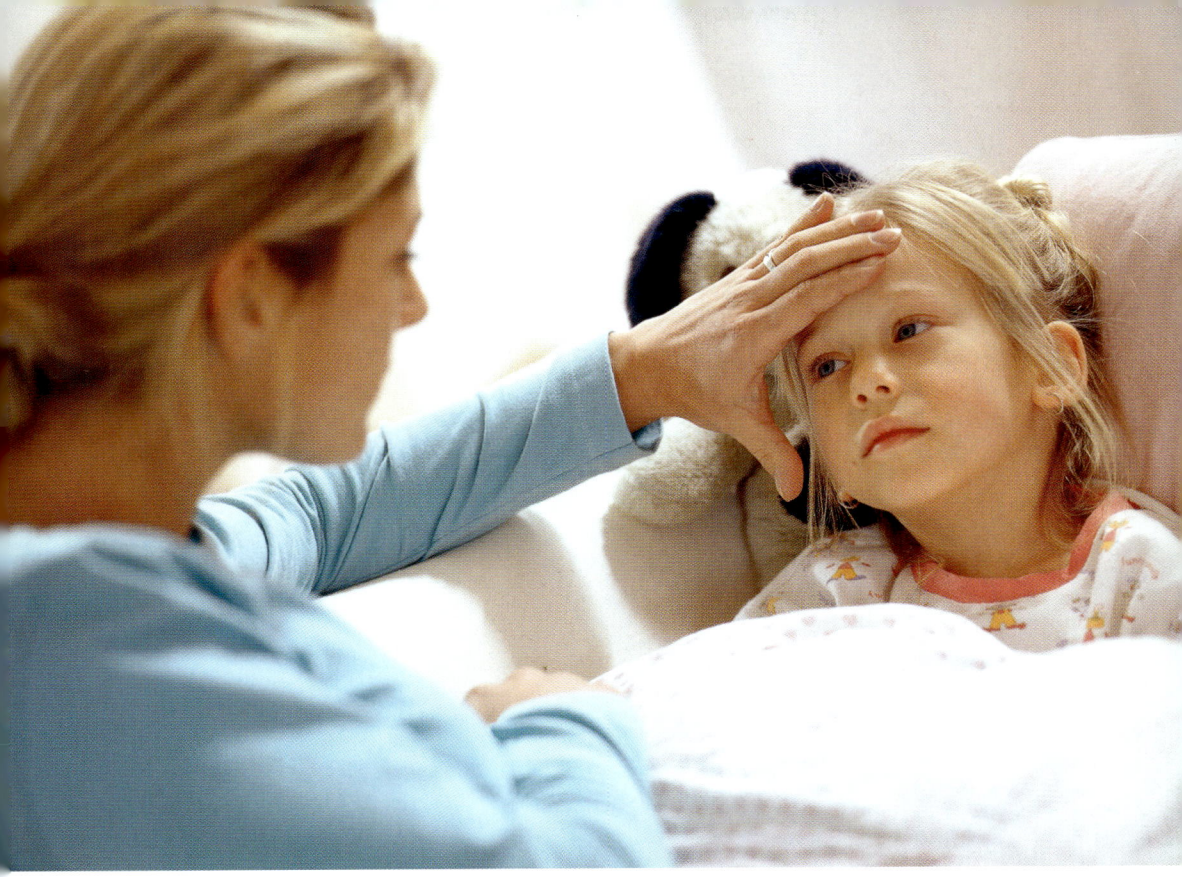

Schutzmantel Haut – wenn's juckt und kratzt

Sie ist unser größtes Organ und den Einflüssen der Umwelt direkt ausgesetzt: die Haut. Ob Kälte, Hitze, Sonnenbestrahlung – die Haut muss alles aushalten, soll die inneren Organe schützen. Doch gerade die empfindliche Haut von kleinen Kindern ist damit leicht überfordert. Es ist Ihre Aufgabe, Ihr

Info

Kind vor einem Sonnenbrand zu schützen. Wählen Sie einen hohen Lichtschutzfaktor und seien Sie kritisch beim Kauf von Sonnencreme. In der kalten Jahreszeit benötigt die Haut viel Feuchtigkeit. Verwenden Sie eine Schutzcreme vor dem Toben bei Wind und Wetter, aber auch tägliche Pflege mit Feuchtigkeitscreme, da die trockene Heizungsluft in den Räumen die Haut reizt. Lüften Sie zweimal am Tag gründlich und setzen Sie nach Möglichkeit einen Raumluftbefeuchter ein.

Schwierig wird es, wenn die Haut Ihres Kindes nicht nur irritiert reagiert, sondern sich Ausschläge einstellen oder Neurodermitis das Leben Ihres Kindes beeinflusst. Nicht jede Rötung bedeutet gleich Neurodermitis, doch seien Sie bei allergischer Veranlagung in der Familie sensibel für Veränderungen an der Haut Ihres Kindes.

Generell gilt: Je weniger Stoffe auf die Haut gelangen, desto weniger kann belasten. Seien Sie kritisch bei der Wahl der Hautpflegemittel. Bei Neurodermitis lassen Sie sich vom Arzt beraten, wie Sie Ihr Kind am besten pflegen können. Auch Cremes oder Salben mit natürlichen Rohstoffen können Irritationen oder eine Allergie hervorrufen!

Beta-Karotin, die Vorstufe von Vitamin A, ist das Hautvitamin schlechthin. Grünes und gelbes Gemüse oder Obst enthält reichlich Beta-Karotin und ist so Hautpflege von innen. Beachten Sie unsere Rezeptvorschläge ab Seite 46.

Gesunde Knochen – gesundes Wachstum

Was wären wir Menschen ohne Skelett? Kaum vorstellbar. Die Knochen halten uns aufrecht und umschließen wichtige Organe wie das Gehirn oder Herz und Lunge. Auch wenn man es sich zunächst nicht vorstellen kann – die »harten« Knochen sind durchblutet und werden mit wichtigen Nährstoffen ver-

sorgt. Essenziell ist hier der Mineralstoff Kalzium, von dem ein Erwachsener rund ein Kilogramm eingelagert hat. Fast alles davon wird zur Härtung der Knochen und Zähne benötigt, aber auch in Nerven- und Muskelzellen und für viele Stoffwechselvorgänge braucht der Körper Kalzium.

Für Kinder im Wachstum ist eine ausreichende Kalziumversorgung sehr wichtig. Sie wachsen in den ersten Lebensjahren extrem stark, später weiterhin beständig, und im Teenageralter steigt der Bedarf wieder rapide an. Milch und Milchprodukte sind Kalziumlieferanten der ersten Wahl. Sie enthalten zudem Milchzucker, der die Kalziumaufnahme begünstigt. Aber auch einige Getreidesorten, Hefe und Sesamsamen sind reich an Kalzium. Schwierig wird die Kalziumversorgung bei Kindern, die an Milchunverträglichkeiten wie Kuhmilcheiweiß-Allergie oder Laktoseintoleranz leiden. Hier muss mit Kinderärztin/arzt und Ernährungswissenschaftler/in ein Diätplan zur optimalen Versorgung erstellt werden.

Kalzium, Vitamin D und Bewegung – ein starkes Team

Vitamin D ist ein unverzichtbarer Partner, damit der Körper Kalzium besser aufnehmen kann. Zur Vorbeugung vor der Mangelkrankheit Rachitis wird Säuglingen monatelang Vitamin D per Tablette verabreicht. Klein- und Schulkinder können es über die Nahrung (Fleisch, Eigelb, Fisch) aufnehmen. Wichtig ist Sonne, denn erst durch die UV-Strahlen wird in der Haut das Vitamin gebildet. Also nichts wie raus an die Luft! Egal ob die Sonne scheint, ob es regnet oder schneit. So viel wie möglich, mindestens aber eine Stunde täglich, sollte Ihr Kind draußen sein dürfen. Bewegung stärkt außerdem die Knochen, hält Muskeln und Bänder elastisch, kurbelt den Stoffwechsel an und trainiert das Immunsystem.

Gute, ruhige Nacht ohne Monsterbesuche

Monster haben eine unangenehme Eigenschaft: Sie schleichen sich meist dann in die Träume oder Kinderzimmer unserer Kleinen, wenn wir endlich Entspannung gefunden oder eine Tiefschlafphase erreicht haben. Säuglinge finden nach wenigen Wochen, manchmal erst nach Monaten, einen stabilen Schlafrhythmus. Im Kleinkindalter träumen Kinder besonders intensiv, sie verarbeiten das, was sie tagsüber erlebt haben. Zusätzlich leben Kinder in diesem Alter auch in einer Fantasiewelt – die es zu bewältigen gilt. Haben Sie Verständnis für die Ängste Ihres Kindes und dafür, dass es Sie mitunter über mehrere Wochen des Nachts aus den Federn holt. Versuchen Sie ein möglichst kurzes Ritual für die Bewältigung des Traums oder der Angst zu finden, mit dem Sie das

Kind in seinem eigenen Bett wieder in den Schlaf begleiten. Trost, Zuwendung und Ermutigung sind die besten Mittel, eventuell hilft ein sehr sanftes Nachtlicht.

Guter Abend = gute Nacht

Versuchen Sie, den Abend ruhig ausklingen zu lassen. Ein kleines Ritual hilft, allein der vertraute Rhythmus signalisiert beruhigende Stimmung und kommt auch gestressten Eltern zugute. Vermeiden Sie Fernsehsendungen, die Ihr Kind aufregen (was schon bei als harmlos bezeichneten Kindersendungen sein kann). Eine Gute-Nacht-Geschichte und eine Kuschel-Schmuse-Einheit sind ideale Begleiter in das Reich der Träume.

Kreativ gegen Monster

Basteln Sie mit Ihrem Kind eine Monsterfalle oder einen indianischen Traumfänger. Falls Sie nicht nach Fantasie selbst gestalten wollen, finden Sie Ideen in Bastelbüchern oder auch im Kindergarten. Ermutigen Sie Ihr Kind, den Angst machenden Traum zu malen. Wenn es möchte, darf es das Monster dann zerreißen und in die Mülltonne werfen.

Richtig essen – gut schlafen

Reichen Sie abends leicht verdauliche Kost. Ist diese reich an Tryptophan und Serotonin, bereitet das bereits auf einen ruhigen Schlaf vor! Milch- und Milchprodukte, Eier, Bananen, Nüsse, Hülsenfrüchte, aber auch Fleisch, Geflügel und Fisch sind reich an Tryptophan. Dies braucht der Körper, um Serotonin herstellen zu können. Und dieser Stoff sorgt u. a. in Verbindung mit Kohlenhydraten als Neurotransmitter für gute Laune, weil er ausgleichend und entspannend wirkt.

Beruhigendes Vollbad
Bereiten Sie für Ihr Kind ein Vollbad mit einer Temperatur von 37 °C (Temperatur prüfen!). Geben Sie einen beruhigenden Badezusatz in das Wasser. Geeignet sind hier Auszüge aus Lavendel, Melisse, Baldrian oder Hopfen. Verwenden Sie naturreine Extrakte ohne Parfümzusatz. Die Badedauer sollte zwischen 15 und 20 Minuten betragen. Danach warm einkuscheln, am besten gleich ins Bett.

Was noch hilft

Zur Darmvorsorge sowie zur Wiederherstellung der Darmflora nach einer Antibiotikabehandlung geben Sie Ihrem Kind am besten Naturjoghurt, den Sie mit 1 Esslöffel Marmelade oder Frühstücksflakes »aufpeppen«. Aber auch ein Glas Buttermilch eignet sich hervorragend.

Immunsystem stärken – fit gegen Krankmacher

Es ist weder besonders aufwändig, noch erfordert es viel Zeit, regelmäßig für die Stärkung des kindlichen Immunsystems zu sorgen. Eigentlich gewinnen Sie dadurch Zeit: Schon ein Infekt weniger bedeutet, einmal weniger beim Kinderarzt im Wartezimmer zu sitzen oder am Krankenbett für gute Laune sorgen zu müssen. Was für eine Aussicht!

Fünf Stufen führen zum Ziel:

Stufe 1	Ausreichend Schlaf und zwar bei kühler Raumtemperatur und gut gelüftetem Zimmer
Stufe 2	Ein ausgeglichener Tagesablauf, in dem sich Tobephasen mit Ruhephasen abwechseln
Stufe 3	Täglich an die frische Luft, bei Wind und Wetter (außer: Ihr Kind hat Fieber/es tobt ein Sturm/es hat unter –15 °C oder bei sehr heißen Temperaturen in der Mittagszeit)
Stufe 4	Gesunde, abwechslungsreiche Ernährung; auch Naschen ist erlaubt, aber bitte in Maßen. Viele Anregungen finden Sie ab Seite 64.
Stufe 5	Bewusstes Abhärten mit Kneipp'schen Verfahren. Erkundigen Sie sich beim Kinderarzt, dem Kneipp-Bund oder mit Fachliteratur.

Antibiotika – das müssen Sie wissen

Wenn Ihr Kinderarzt Ihrem Kind ein Antibiotikum verordnet, geschieht dies aus zwingend notwendiger Indikation. Gerade Kinderärzte sind sensibilisiert und wissen um die Ängste der Eltern, die wünschen, dass ihr Kind gefahrlos möglichst schnell gesundet.

Alle Antibiotika werden aus Stoffwechselprodukten von Bakterien, Pilzen, Flechten oder Algen hergestellt. Diese Wirkstoffe sind in der Lage, Mikroorganismen abzutöten oder im Wachstum zu hindern. In der Regel reduzieren sich die Krankheitssymptome innerhalb weniger Tage. Dennoch ist es sehr wichtig, sich an die vom Arzt verordnete Dosierung und Einnahmedauer zu halten!

Widerstehen Sie der Versuchung, nach wenigen Tagen die Einnahme abzubrechen, da es sonst zu einem Rückfall und weiteren Komplikationen kommen kann, wenn sich die Krankheitserreger schlagartig wieder vermehren.

Bauch klar?

Leider töten Antibiotika nicht nur »böse«, also krank machende Mikroorganismen – sie zerstören in den meisten Fällen auch »gute« Bakterien, die zum Beispiel unser Verdauungssystem benötigt. Die unterschiedlichen Wirkstoffgruppen der Antibiotika wirken sich verschieden stark auf die Keimreduzierung im Darm aus. Bei Penizillin zum Beispiel gibt es im Bereich der Darmbakterien keine nachweisbare Keimreduktion. Hier ist also kaum mit den gefürchteten Reaktionen auf eine Antibiotika-Behandlung zu rechnen: Durchfälle oder eine gestörte Darmflora.

Schongang für kleine Patienten

Auch wenn sich kleine Kinder oft schnell erholen – sorgen Sie für die nötige Schonung und Bettruhe, obwohl das mitunter schwer fällt. Damit Sie Ihr Kind richtig aufpäppeln können, schlagen Sie ab Seite 64 nach. Fragen Sie Ihr Kind, worauf es zumindest ein bisschen Appetit hat, und Sie werden sehen – bald geht es wieder bergauf.

Widerstehen Sie der Versuchung, das Kind allzu schnell wieder in den Kindergarten oder in die Schule zu schicken. Schulkinder müssen mindestens einen Tag lang fieberfrei gewesen sein. Kindergartenkindern sollten Sie mehr Zeit geben, da in ihrem Alter das Immunsystem noch nicht ausgereift ist. Im Gruppenraum lauern sofort wieder die nächsten Erreger, die bei einem geschwächten Kind besten Nährboden finden.

Info

Nährstoff-Übersicht

Vitamine und Mineralstoffe auf einen Blick

Bei einer ausgewogenen Ernährung ist es nicht notwendig, spezielle Kinder-Vitaminpräparate zu verabreichen. Falls Sie es dennoch vorhaben: Sprechen Sie bitte unbedingt vorher mit dem Kinderarzt.

	Nahrungsmittel	wichtig für	Bemerkung
Vitamin A (Vorstufe)	gelbes und grünes Gemüse wie Karotten, Spinat, Paprika, Brokkoli, Grünkohl; Milch, Käse, Eier, Aprikose	stärkt Haut- und Schleimhäute, schützt Zellwände, macht Antikörper mobil	Spinatreste wegen des Nitratgehaltes nicht aufwärmen!
Vitamin B_1	Hülsenfrüchte, Schweinefleisch, Vollkorngetreide	Muskeln und Nerven	
Vitamin B_2	Milch(-produkte), Eier, Hefe, Käse	Stoffwechsel	
Vitamin B_6	Seefisch, Banane, Fleisch, Paprika, Lauch, Vollkorn	Nerven, rote Blutkörperchen, Stoffwechsel	
Vitamin B_{12}	Fleisch, Milch, Käse, Eier, Lachs, milchsaures Gemüse	Blutbildung, Zellaufbau	
Vitamin C	Hagebutten, Schwarze Johannisbeeren, Zitrusfrüchte, Kiwi, Beeren, Trauben, Paprika, Kartoffeln, Fenchel, Kohlsorten	macht Abwehrzellen stark, wichtig für Zellstoffwechsel, Eisenaufnahme	Allergiker oder allergiegefährdete Kinder sollten Zitrusfrüchte, Kiwi und Erdbeeren meiden oder reduzieren
Vitamin D	Seefisch, Fleisch, Eier	Bildung von Knochen und Knorpeln	UV-Strahlen wichtig für die Bildung des Vitamins im Körper
Vitamin E	in pflanzlichen Fetten und Ölen; Hülsenfrüchte, Nüsse, Getreide	Zellschutz, aktiviert Abwehrzellen	verwenden Sie für Salate am besten kalt gepresstes Öl

	Nahrungsmittel	wichtig für	Bemerkung
Vitamin K	Leber, Grünkohl, Spinat	Blutgerinnung	
Folsäure	Leber, Hefe, frisches Gemüse	Blutbildung, Zellteilung	sehr wichtig für Schwangere und Frauen, die es werden wollen
Kalzium	Käse, Brokkoli, Fenchel, Lauch, Grünkohl, Kresse	Knochen und Zähne, Reizüber-tragung in den Zellen	
Eisen	Fleisch, Vollkorngetreide, Hülsenfrüchte, Karotten, Wirsing	Bestandteil des Blutes, versorgt die »Fresszellen« mit Sauerstoff	ideal in Kombination mit Vitamin C
Magnesium	Milch-(produkte), Vollkorngetreide, Hülsenfrüchte, Fleisch, Fenchel, Kartoffeln, Bananen, Feigen, Pfirsiche	macht Muskeln elastisch (entspannt), stärkt Nerven, hilft Zellschäden zu reparieren, aktiviert Enzyme	erhöhter Bedarf auch bei Leistungs-sport
Jod	Fisch	Schilddrüse	
Kalium	Nüsse, viele Gemüsesorten u.a. Kartoffeln, Zucchini, Spinat, Grünkohl, Getreide, Obst	Wasserhaushalt in den Zellen, Stoff-wechsel und Verdau-ung, beeinflusst Herztätigkeit	
Zink	Fleisch, Eier, Meeresfrüchte, Vollkorngetreide, Haferflocken, Käse	Stoffwechsel, stimuliert das Immunsystem, bildet Haare, Haut und Nägel neu	

Wie Sie diesen Kalender verwenden können

X bedeutet:

In diesen Monaten gibt es ein großes Angebot der jeweiligen Obst- oder Gemüsesorten. Achten Sie verstärkt auf heimischen Freilandanbau, nicht nur wegen der kürzeren Transportwege, sondern weil die direkte Sonneneinstrahlung für weniger Nitrat- und höheren Vitalstoffgehalt im Gemüse sorgt.

Ö bedeutet:

In diesen Monaten ist das Angebot geringer, und dadurch entstehen höhere Preise für die jeweiligen Obst- oder Gemüsesorten.

Jahres-Einkaufskalender für Obst und Gemüse

Sorte	Januar	Februar	März	April	Mai	Juni	Juli
Äpfel	X	X	X	X	Ö	Ö	Ö
Aprikosen					Ö	X	X
Birnen	Ö	Ö	Ö			Ö	Ö
Brombeeren						Ö	X
Blumenkohl	Ö	Ö	X	X	X	X	X
Brokkoli	Ö	Ö	Ö	Ö	Ö	X	X
Champignons	X	X	X	X	X	X	X
Erbsen					Ö	X	X
Erdbeeren				Ö	X	X	X
Fenchel			Ö	Ö	Ö	Ö	X
Grünkohl	X	X	Ö	Ö			
Heidelbeeren						Ö	X
Himbeeren					Ö	X	X
Holunderbeeren						Ö	Ö
Johannisbeeren					Ö	X	X
Karotten	X	X	X	X	X	X	X
Kartoffeln	X	X	X	X	X	X	X
Kirschen, süß					Ö	X	X
Kohlrabi			Ö	Ö	X	X	X
Kürbis	Ö						Ö
Mangold					Ö	X	X
Paprika	Ö	Ö	Ö	Ö	Ö	X	X
Pastinaken	Ö	Ö					Ö
Pfirsiche					Ö	X	X
Pflaumen					Ö	Ö	X
Porree/Lauch	X	X	X	Ö	Ö	Ö	X
Quitten							
Rosenkohl	X	X	Ö	Ö			
Rote Bete	X	X	X	Ö	Ö	Ö	Ö
Salatgurken	Ö	Ö	Ö	Ö	Ö	X	X
Sellerie	X	X	X	Ö	Ö		
Spinat	Ö	Ö	X	X	X	Ö	Ö
Tomaten	Ö	Ö	Ö	X	X	X	X
Wassermelonen	Ö	Ö	Ö	Ö	Ö	X	X
Weintrauben					Ö	Ö	X
Weißkohl	X	Ö	Ö		X	X	Ö
Wirsing	Ö	Ö			X	X	Ö
Zuckermais							Ö
Zucchini			Ö	Ö	Ö	X	X
Zwiebeln	X	X	X	X	X	X	X
Obst aus ganzjährigem Import							
Bananen	X	X	X	X	X	X	X
Mandarinen	X	X	Ö				
Kiwi	X	X	X	X	X	X	X
Zitronen	X	X	X	X	X	X	X

Sorte	August	Sept.	Okt.	Nov.	Dez.
Äpfel	X	X	X	X	X
Aprikosen	X	ⓞ			
Birnen	X	X	X	X	ⓞ
Brombeeren	X	X	ⓞ		
Blumenkohl	X	X	X	X	ⓞ
Brokkoli	X	X	X	ⓞ	ⓞ
Champignons	X	X	X	X	X
Erbsen	X	ⓞ	ⓞ		
Erdbeeren	ⓞ	ⓞ			
Fenchel	X	X	X	X	ⓞ
Grünkohl			ⓞ	X	X
Heidelbeeren	X	ⓞ			
Himbeeren	X	ⓞ			
Holunderbeeren	X	X	X	ⓞ	
Johannisbeeren	X	ⓞ			
Karotten	X	X	X	X	X
Kartoffeln	X	X	X	X	X
Kirschen, süß	X	ⓞ			
Kohlrabi	X	X	X	ⓞ	
Kürbis	X	X	X	X	X
Mangold	X	X	ⓞ		
Paprika	X	X	X	X	ⓞ
Pastinaken	X	X	X	X	ⓞ
Pfirsiche	X	X	ⓞ		
Pflaumen	X	X	ⓞ	ⓞ	
Porree/Lauch	X	X	X	X	X
Quitten	ⓞ	X	X	X	ⓞ
Rosenkohl		ⓞ	X	X	X
Rote Bete	ⓞ	X	X	X	X
Salatgurken	X	X	X	ⓞ	ⓞ
Sellerie	ⓞ	X	X	X	X
Spinat	ⓞ	X	X	ⓞ	ⓞ
Tomaten	X	X	X	X	ⓞ
Wassermelonen	X	X	X	ⓞ	ⓞ
Weintrauben	X	X	X	X	ⓞ
Weißkohl	ⓞ	X	X	X	X
Wirsing	ⓞ	X	X	X	X
Zuckermais	X	X	X	ⓞ	
Zucchini	X	X	X	X	ⓞ
Zwiebeln	X	X	X	X	X
Obst aus ganzjährigem Import					
Bananen	X	X	X	X	X
Mandarinen		ⓞ	X	X	X
Kiwi	X	X	X	X	X
Zitronen	X	X	X	X	X

Blattsalate finden Sie ganzjährig im Angebot, in den Monaten Mai bis Oktober stammen sie überwiegend aus Freilandanbau, in den übrigen Monaten garantiert aus Treibhäusern.

info

Bauch klar, Leinen los!

Piratenbrot

Zubereitungszeit: etwa 5 Minuten

¹/₂ Banane
1 Zwieback

1 Die Banane schälen. Zusammen mit 1 Esslöffel Wasser pürieren oder mit einer Gabel fein zerdrücken.
2 Das Bananenmus auf den Zwieback streichen und sofort servieren, damit sich das Fruchtfleisch nicht verfärbt.

Tipp

o Kleine Helden wissen es: Piraten aßen auf ihren Seefahrten statt Brot einen trocken gebackenen Zwieback. Und wer wieder stark und fit wie ein Pirat werden will, ist mit dem Piratenbrot auf dem besten Weg.

o Basteln Sie mit Ihrem Kind – wenn es dazu schon in der Lage ist – kleine Piratenfahnen aus Zahnstochern. Dazu kleine Drei- oder Vierecke aus Papier zuschneiden und mit Piratenmotiven bemalen. Diese mit Klebefilm an den Zahnstochern befestigen (macht besser Mama), und fertig sind verwegene kleine Fahnen, die den Zwieback schmücken.

Hinweis

Ab dem 2. Tag nach Erbrechen und Durchfall.

Zwieback enthält leicht verdauliche Kohlenhydrate und ist als erste Knabberkost nach Erbrechen und Durchfall gut geeignet. Bananen liefern wichtiges Kalium, das durch den Flüssigkeitsverlust dringend wieder im Körper benötigt wird.

Wirkung

Hinweis

Ab dem 2. Tag nach Erbrechen und Durchfall. Geben Sie Ihrem Kind drei- bis fünfmal täglich eine kleine Portion von dem Reis (jeweils etwa 3 bis 5 Esslöffel).

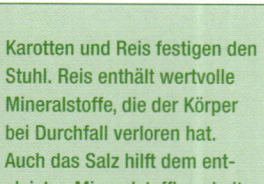

Karotten und Reis festigen den Stuhl. Reis enthält wertvolle Mineralstoffe, die der Körper bei Durchfall verloren hat. Auch das Salz hilft dem entgleisten Mineralstoffhaushalt.

Wirkung

Karotten-Reisschleim

Zubereitungszeit: etwa 40 Minuten

80 g weißer Reis
1 kleines Gläschen pürierte Frühkarotten
1 Prise Jodsalz

1 Den Reis in 300 Milliliter siedendes Wasser geben, aufkochen lassen und bei geringer Hitze etwa 35 Minuten ausquellen lassen.
2 Reis pürieren oder durch ein Sieb passieren. Das Karottenmus zufügen und den Karotten-Reisschleim mit Salz würzen.

Tipp
Verwenden Sie für dieses Gericht keinen Naturreis. Er ist durch die Schalenanteile schwerer verdaulich und deshalb in diesem Fall nicht für Ihr Kind geeignet.

Bananenbrei für freche Äffchen

Zubereitungszeit: etwa 10 Minuten

20 g Reisflocken
100 g Banane (ohne Schale gewogen)
1 TL Weizenkeimöl

1 In einem Topf ⅛ Liter Wasser mit den Reisflocken anrühren und bei schwacher Hitze zum Kochen bringen. 2 Minuten kochen lassen, von der Kochstelle nehmen.
2 Die Banane in kleine Stücke schneiden, mit dem Weizenkeimöl zum Reisbrei in den Topf geben und pürieren. Vor dem Servieren etwas abkühlen lassen.

Tipp
Damit der Brei ein wenig ansprechender aussieht, können Sie einige Bananenscheiben ganz lassen und den Brei damit dekorieren. Wenn Ihr Kind Zimt mag, den Brei zusätzlich ganz leicht mit Zimt bestäuben.

Hinweis

Ab dem 2. Tag nach Erbrechen und Durchfall.

Auch Reisflocken enthalten wertvolle Mineralstoffe, die der Körper bei Durchfall verliert und sind leicht verdaulich. Bananen liefern wichtiges Kalium, das durch den Flüssigkeitsverlust dringend wieder im Körper benötigt wird.

Wirkung

Hinweis

Die Waffeln sind fast fettfrei und als Alternative oder abwechselnd mit Zwieback und Salzstangen ab dem 2. Tag nach Durchfall und Erbrechen geeignet.

Kümmel wirkt krampflösend und entzündungshemmend auf die Schleimhaut im Magen-Darm-Bereich.

Wirkung

Kümmelwaffeln »Bauchwehtrost«

Zubereitungszeit: etwa 1½ Stunden (davon 1 Stunde Quellzeit)

200 g Weizenvollkornmehl
200 g Hirsemehl
1 EL Jodsalz
1 TL Kümmel, gemahlen
3 TL Backpulver
3 EL Sonnenblumenöl (oder Keimöl)
1 Ei
Fett für das Waffeleisen

1 Vollkornmehl mit Hirsemehl, Salz, Kümmel und Backpulver mischen. Nach und nach ½ Liter Wasser, Öl und Ei untermischen und alles zu einem dickflüssigen Teig rühren.
2 Den Teig für eine Stunde abgedeckt in den Kühlschrank stellen und quellen lassen.
3 Das Waffeleisen mit wenig Fett auspinseln und nacheinander darin Waffeln backen, bis der gesamte Teig verbraucht ist. Die Waffeln vor dem Verzehr auskühlen lassen.

Tipp

- In einer Vorratsdose können die Waffeln etwa vier Wochen lang kühl und trocken gelagert werden.
- Wenn Sie ein beschichtetes Waffeleisen besitzen, kommen Sie beim Backen mit sehr wenig Fett aus. Verwenden Sie ein möglichst neutral schmeckendes pflanzliches Fett, zum Beispiel Sonnenblumenöl.

Haferflockensuppe »Ponyschmaus«

Zubereitungszeit: etwa 15 Minuten

30 g Haferflocken
1 Prise Jodsalz

1 Haferflocken in ³/₄ Liter kaltes Wasser geben und bei mittlerer Hitze langsam aufkochen. Gelegentlich umrühren. Die Suppe etwa 10 Minuten bei geringer Hitze kochen, bis sie eine sämige, schleimige Konsistenz hat.

2 Die Suppe durch ein Sieb streichen und nochmals kurz aufkochen. Mit Salz abschmecken.

Tipp

Kaufen Sie eine große Müsli-Schüssel, die Ihr Kind selbst aussuchen darf. Diese Schüssel verwenden Sie ausschließlich für die Krankenkost. Fröhliche Farben oder die Lieblingsfigur auf dem Tellergrund – und auch eine ungeliebte Suppe wird so um einiges attraktiver.

Hinweis

Ab dem 2. Tag nach Erbrechen und Durchfall.

Hafer enthält Schleimstoffe, die beruhigend auf die gereizte Schleimhaut im Magen-Darm-Bereich einwirkt. Auch der hohe Gehalt an B-Vitaminen hilft dabei. Ferner enthält Hafer wichtige Mineralstoffe, wie Kalzium, Magnesium, Eisen, Mangan und Kupfer, und ist reich an ungesättigten Fettsäuren.

Wirkung

Hinweis

Ab dem 3. Tag nach Erbrechen und Durchfall. Wenn Ihr Kind mag, darf es dazu Salzstangen oder Zwieback knabbern.

Zucchini enthalten viel Kalium und Eisen. Kalium wird nach Flüssigkeitsverlust bei Erbrechen und Durchfall dringend wieder im Körper benötigt. Eisen steigert die Sauerstoffanreicherung im Blut und macht müde, appetitlose Kinder wieder munter. Die suppige Konsistenz gleicht zusätzlich den Flüssigkeitverlust aus.

Wirkung

Zucchinisuppe

Zubereitungszeit: etwa 25 Minuten

2 mittelgroße Zucchini
1 TL Olivenöl
1 l Gemüsebrühe (selbst gekocht oder Instant)
1/2 TL Jodsalz

1 Die Zucchini waschen, Stiel- und Blütenansatz entfernen. Die Zucchini der Länge nach halbieren und dann vierteln. Quer in kleine Würfel schneiden.

2 Zucchiniwürfel in einem beschichteten Topf mit Olivenöl kurz andünsten und mit der Gemüsebrühe ablöschen. Etwa 15 Minuten bei mittlerer Hitze garen, dann die Garprobe machen – die Zucchini sollen weich, jedoch nicht verkocht sein.

3 Zucchinisuppe mit dem Mixstab oder in der Küchenmaschine pürieren und mit Salz abschmecken.

Tipp

Besonders hübsch sieht diese gesunde Suppe aus, wenn man sie mit leuchtend orangen Karottenblumen verziert: Dafür eine dicke Möhre längs in etwa 2 bis 3 Millimeter dicke Scheiben schneiden. Diese Scheiben in wenig Wasser bissfest dünsten. Mit einem Plätzchenausstecher Blümchen, Sterne oder Monde ausstechen und zum Servieren auf die Zucchinisuppe setzen.

Ab dem 3. Tag nach Erbrechen und Durchfall.

Fenchelpüree

Zubreitungszeit: etwa 20 Minuten

1 Fenchelknolle
$1/8$ l Gemüsebrühe (selbst gekocht oder Instant)
1 TL Sonnenblumenöl (oder Keimöl)
1 Prise Jodsalz

Fenchel ist ein kleines Biowunder. Er ist reich an Kalium und Eisen, die beide nach Erbrechen und Durchfall dringend vom Körper benötigt werden. Auch Magnesium und Kalzium sowie B-Vitamine und Folsäure liefert Fenchel in großen Mengen. Fenchel wirkt außerdem entkrampfend auf die Magen-Darm-Schleimhaut.

1 Fenchelgrün abschneiden, Fenchelknolle waschen und in Scheiben schneiden. Die Gemüsebrühe erhitzen und die Fenchelscheiben darin 15 Minuten dünsten.
2 Fenchel mit einem Schaumlöffel herausheben und in eine Pürierschüssel geben. Mit dem Mixstab zu einem Gemüsebrei verarbeiten, dabei nach und nach die Gemüsebrühe dazugeben. Zum Schluss Öl und Salz unterrühren.

Tipp

Fenchel hat zu Unrecht ein »Hustenbonbon-Image«. Das Fenchelpüree eignet sich zum Pur-Essen ebenso wie als Nudelsoße für Kinder. Den Großen schmeckt es als Pesto, wenn der Fenchel nach dem Dünsten (nur 10 Minuten) mit Knoblauch in Olivenöl angebraten wird!

Pastinakenpüree mit Salzkartoffeln

Zubereitungszeit: etwa 35 Minuten

200 g Pastinaken
200 ml Gemüsebrühe (selbst gekocht oder Instant)
2 kleine Kartoffeln
Jodsalz
1 TL Sonnenblumenöl (oder Keimöl)

1 Die Pastinaken waschen, schälen und in Würfel schneiden. Die Gemüsebrühe erhitzen, Pastinaken hinzugeben und bei mittlerer Hitze in rund 30 Minuten sehr weich kochen.
2 In der Zwischenzeit die Kartoffeln schälen, vierteln und in wenig Wasser mit etwas Salz zugedeckt garen.
3 Die Brühe von den Pastinaken abgießen. Mit einem Mixstab die Pastinaken zusammen mit dem Öl und 1 Prise Salz pürieren.

Tipp

Pastinaken sind noch weniger allergen als Karotten, das heißt, dass sie wohl eines der mildesten und reizärmsten Gemüse sind, die wir kennen. In der Saison zwischen Oktober und März bekommt man die Wurzeln auf Grünmärkten und im Naturkosthandel. Sie lassen sich übrigens gut einfrieren: vorher schälen, in Würfel schneiden und 3 Minuten blanchieren.

Hinweis

Ab dem 3. Tag nach Erbrechen und Durchfall.

Pastinaken sind reich an Kalium, Vitamin E und Folsäure. Kalium wird nach Erbrechen und Durchfall dringend vom Körper benötigt. Pastinaken haben ein süßliches Aroma, ähnlich wie Karotten und Kartoffeln, und sind daher bei Kindern beliebt. Durch ihren milden Charakter eignen sich Pastinaken ideal für Schon- und Babykost.

Wirkung

Hinweis

*Ab dem 3. Tag nach Erbrechen
und Durchfall.*

Reis mit Apfelpüree

Zubereitungszeit: etwa 25 Minuten

Reis festigt den Stuhl. Außerdem enthält er wertvolle Mineralstoffe, die der Körper bei Durchfall verloren hat. Auch das Salz hilft dem entgleisten Mineralstoffhaushalt. Der Apfel liefert viel Vitamin C und peppt den eher faden Reisgeschmack auf, schont aber den gereizten Magen-Darm-Bereich.

Wirkung

50 g Rundkornreis
$^1/_2$ TL Jodsalz
3 EL Apfelpüree (siehe Tipp)

1 Den Reis in 200 Milliliter warmes Wasser geben und mit dem Salz zum Kochen bringen. Reis bei geringer Hitze etwa 20 Minuten garen.
2 Restliches Wasser abgießen und den Reis auf einem Teller anrichten. Das Apfelpüree auf dem Reis anrichten oder untermischen.

Tipp

Für das Apfelpüree verwenden Sie am besten einen geschälten Apfel, den Sie auf einer Apfelreibe (oder feinen Gemüsereibe) zerkleinern. Sie können aber auch Apfelpüree aus einem Babygläschen verwenden.

Pflaumenmus

Zubereitungszeit: etwa 15 Minuten

4 reife Pflaumen

Pflaumen waschen, entsteinen und das Fruchtfleisch in kleine Stücke schneiden. Die Fruchtstücke in 50 Milliliter Wasser bei mittlerer Hitze etwa 5 Minuten dünsten. Mit dem Mixstab pürieren oder mit der Gabel zerdrücken und lauwarm servieren.

Tipp
Fast genauso hilfreich gegen Verstopfung sind Aprikosen, die Sie auf die gleiche Weise zubereiten können.

Hinweis

*Hilft sanft gegen Verstopfung.
Vor dem Frühstück essen.*

Pflaumen sind reich an Kalium und Vitamin K und wirken stuhlerweichend.

Wirkung

Backpflaumen

Zubereitungszeit: etwa 5 Minuten
(plus 9 Stunden Einweichzeit)

2–3 Backpflaumen

Am Vorabend die Backpflaumen in $\frac{1}{2}$ Tasse Wasser legen und über Nacht einweichen. Morgens die Backpflaumen verzehren, dabei langsam und gründlich kauen. Das Einweichwasser kann ebenfalls getrunken werden.

Hinweis

*Ab dem 2. Lebensjahr.
Hilft sanft gegen Verstopfung.
Die Backpflaumen ebenfalls
am besten vor dem Frühstück
essen.*

Zauberelixiere gegen krächzende Stimmen

Hühnerbrühe mit Nudeln und Eierstich

Zubereitungszeit: etwa 3 Stunden

1 Suppenhuhn	**Für den Eierstich:**
1 Bund Suppengrün	1 Ei
1 kleine Zwiebel	1 EL Milch
250 g Buchstabennudeln	Jodsalz
Jodsalz	Fett für die Form

1 Suppenhuhn gründlich waschen. Suppengrün waschen, putzen und grob schneiden. Die Zwiebel abziehen und vierteln.

2 Das Suppenhuhn mit dem Suppengrün und der Zwiebel in 3 Liter kaltem Wasser zusetzen und zum Kochen bringen. 2 bis 2½ Stunden leise kochen lassen (im Schnellkochtopf 35 Minuten).

3 Huhn aus dem Sud nehmen, die Brühe abseihen und erkalten lassen. Fett entfernen. In der Zwischenzeit die Buchstabennudeln garen. Dafür 1 Liter Wasser zum Kochen bringen, salzen und die Nudeln darin bissfest garen.

4 Das Ei mit der Milch und 1 Prise Salz verquirlen. Eine feuerfeste Form ausfetten, die Eimilch hineingießen und mit einem Deckel oder mit Alufolie abdecken.

5 Die Form in einen größeren Topf mit kochendem Wasser stellen und den Eierstich etwa 8 Minuten im kochenden Wasser garen. Zum Servieren stürzen und in kleine Würfel schneiden.

6 Brühe erhitzen und mit Salz mild abschmecken. Nudeln und Eierstich hinzufügen. Nach Belieben mit Schnittlauch bestreuen.

Diese Suppe birgt eine geballte Ladung an Eiweiß und Zink – ideale Helfer, um einem von Erkältungsviren geschwächten Immunsystem wieder auf die Sprünge zu helfen. Nicht heiß, aber möglichst warm gegessen, ist die Suppe nicht nur bekömmlicher, sondern regt durch ihre schweißtreibende Wirkung auch den Stoffwechsel an.

Wirkung

Hinweis

Bei Infekten mit Halsschmerzen oder rauem Hals.

Kürbissuppe mit Waldhonig

Kürbis ist reich an Vitamin C, Folsäure, Kalium und Eisen – genau das Richtige, um die Abwehrkräfte zu unterstützen und den Appetit anzuregen. Die sämige Konsistenz der Suppe beruhigt die entzündete Schleimhaut im Mund- und Rachenbereich. Beruhigend und entzündungshemmend wirken auch die Enzyme des Waldhonigs. Sein süßlicher Geschmack macht selbst einem Suppenkaspar mächtig Appetit.

Wirkung

Zubereitungszeit: etwa 25 Minuten

2 mittelgroße Kartoffeln
200 g Kürbisfleisch (geputzt gewogen)
1 EL Keimöl
500 ml Gemüsebrühe (selbst gekocht oder Instant)
Jodsalz
Muskatnuss
2 EL süße Sahne
2 EL Waldhonig

1 Kartoffeln waschen und schälen. Kürbisfleisch und Kartoffeln in etwa 1 Zentimeter große Würfel schneiden.
2 In einem Topf das Öl erhitzen und die Gemüsewürfel etwa 2 Minuten darin andünsten. Dann die Brühe zugießen und das Gemüse 15 Minuten bei mittlerer Hitze leise kochen lassen.
3 Das weich gekochte Gemüse mit dem Mixstab pürieren. Die Suppe mit Salz und Muskatnuss mild abschmecken. Zuletzt die süße Sahne und den Waldhonig zufügen und die Suppe sofort servieren.

Tipp

Kürbis lässt sich für etwa vier Monate gut einfrieren. Dazu den Kürbis von der Schale und den Kernen befreien, in große Würfel schneiden und 3 Minuten blanchieren. Abkühlen lassen und portionsweise (am besten jeweils etwa 200 Gramm abwiegen) einfrieren.

Gazpacho –
Kalte Gemüsesuppe

*Erfrischend und vitaminreich
für fiebernde Kinder.*

Zubereitungszeit: etwa 45 Minuten
(davon 40 Minuten Ruhezeit)

3 Tomaten
1/4 TL Jodsalz
1 TL Essig
100 g Salatgurke
Eiswürfel

1 Die Tomaten waschen, Stielansatz entfernen und das Fruchtfleisch in kleine Würfel schneiden. Zusammen mit Salz, 200 Milliliter Wasser und Essig in eine Salatschüssel geben und 30 Minuten ruhen lassen.
2 Salatgurke waschen, schälen und entkernen, anschließend fein hacken. Gurke zu den Tomaten geben und einige Eiswürfel hinzufügen. Nochmals etwa 10 Minuten ruhen lassen und die Suppe mit Weißbrot oder Zwieback servieren.

Tipp
Sie können die Suppe auch mit fein gehackter Paprikaschote (Vitamin C!) anreichern, sofern Ihr Kind Paprika mag.

Die Suppe ist äußerst erfrischend und für fiebernde Kinder eine appetitanregende Kühlung. Tomaten sind reich an Vitamin C (Freiland-Tomaten enthalten doppelt so viel wie Treibhausware!) sowie an Eisen und Zink. Gurken weisen zwar relativ wenig Vitamin C auf, dafür akzeptable Mengen an Kalium, Eisen und Zink. Da Gurken sehr viel Wasser enthalten, fangen sie den Flüssigkeitsverlust bei fiebernden Kindern auf. Vitamin C sowie Zink unterstützen das Immunsystem.

Wirkung

Hinweis

Bei Erkältungskrankheiten als süße Alternative zu Holunderblütentee.

Toast mit Holunderblüten-Gelee

Grundrezept Holunderblütengelee

9 große, frische Holunderblütendolden
$1^1/_2$ l stilles Mineralwasser
Saft von 1 Zitrone
$1^1/_2$ kg Gelierzucker

In der Naturheilkunde werden Holunderblüten bei Erkältungskrankheiten eingesetzt. Sie wirken entzündungshemmend, schweißtreibend und schleimlösend. Getrocknete Holunderblüten kann man als sehr wirksamen, aber etwas bitteren Tee aufgießen. Kinder mögen lieber diese süße Alternative als Brotaufstrich.

Wirkung

1 Holunderblüten entstielen und gründlich waschen. Das Mineralwasser in eine Schüssel gießen und die Holunderblüten hineingeben. Beides abgedeckt für drei Tage ziehen lassen.

2 Den Holunderblütensud abseihen, Zitronensaft und den Gelierzucker hinzufügen und die Flüssigkeit zum Kochen bringen. Etwa 5 Minuten leise kochen lassen. Das Gelee in sterilisierte Marmeladengläser mit Schraubverschluss abfüllen und sofort für mindestens 10 Minuten auf den Deckel stellen.

Für den Toast

1 Scheibe Toast leicht rösten, mit etwas Butter oder Margarine und 2 Teelöffel Holunderblütengelee bestreichen.

Tipp

Das Gelee sollten Sie im Vorrat haben. Pflücken Sie zusammen mit Ihrem Kind im Juli die blühenden Holunderdolden und kochen gemeinsam das duftende Gelee ein. Umso lieber wird der süße Vitaminspender bei Krankheit dann auch gegessen.

Salbei-Johannisbeer-Eis

Zubereitungszeit: etwa 15 Minuten

2 TL Halswehtee (siehe Tipp)
3 TL Puderzucker
1/4 l Saft von Schwarzen Johannisbeeren

1 Die Teemischung mit 150 Milliliter siedendem Wasser aufgießen. 10 Minuten abgedeckt ziehen lassen und durch ein feines Teesieb abseihen.
2 Puderzucker in den heißen Tee rühren. Abkühlen lassen und mit dem Johannisbeersaft mischen.
3 Die Saft-Tee-Mischung in Stieleisförmchen füllen und für mindestens 4 Stunden, besser über Nacht, ins Gefrierfach stellen.

Tipp
○ Lassen Sie sich folgenden Halswehtee am besten gleich in der Apotheke mischen: 30 Gramm Kamillenblüten und 20 Gramm Salbeiblätter.
○ Die Eisförmchen erhalten Sie in Haushaltswarengeschäften oder Kaufhäusern.
○ Damit die Qualität der Inhaltsstoffe erhalten bleibt, das Eis bitte nicht länger als zwei Wochen im Gefrierschrank lagern.

Hinweis
Für Kinder mit Halsschmerzen und entzündetem Hals.

Kamillen-Salbei-Tee wird klassisch bei Halsweh angewandt und wirkt auf die Schleimhaut im Hals-Rachen-Bereich entzündungshemmend. Schwarzer Johannisbeersaft enthält sehr viel Vitamin C. Sie werden sehen: Dieses schöne dunkelrote Eis schlecken kranke Kinder gern. Und es tut nicht nur ihrer Seele gut, sondern lindert auch die Halsschmerzen.

Wirkung

Hinweis

Leicht bekömmlich und vollwertig für erkältete und geschwächte Kinder.

Pastinakenpuffer mit Fruchtmus

Zubereitungszeit: etwa 45 Minuten

200 g Pastinaken	1 Ei
200 ml Gemüsebrühe	Weizenvollkornmehl
1 EL Butter	Fett zum Braten
Jodsalz	100 g Apfelmus oder 1 Babygläschen
Pfeffer	beliebiges Fruchtmus
Muskatnuss	

Pastinaken sind reich an Kalium, Vitamin E und Folsäure. Kombiniert mit vitaminreichem Fruchtmus (Apfel-, Birnen-, Pfirsich- oder Aprikosenmus; gut geeignet sind auch Muse oder Kompott von Babykostherstellern), eine vollwertige und bekömmliche Kost für erkältete Kinder.

Wirkung

1 Die Pastinaken waschen, schälen und in Würfel schneiden. Die Gemüsebrühe erhitzen, Pastinaken dazugeben und bei mittlerer Hitze in rund 30 Minuten sehr weich kochen.
2 Brühe abgießen. Die Pastinaken zusammen mit Butter, Salz, Pfeffer und Muskat mit einem Mixstab pürieren.
3 Das Püree etwas abkühlen lassen, mit dem Ei verrühren und so viel Mehl hinzufügen, dass ein formbarer Teig entsteht.
4 Wenig Fett in einer beschichteten Pfanne erhitzen und bei mittlerer Hitze flache Puffer von beiden Seiten goldbraun braten.
5 Die Puffer mit etwas Fruchtmus servieren.

Tipp

⌀ Die Puffer werden von Kindern auch gern zum Tee geknabbert. Dann nicht zu stark salzen, Pfeffer und Muskat weglassen und mit einem Hauch Puderzucker bestäuben.
⌀ Sehr nett sind auch Pastinakensterne: Dazu die fertigen Puffer mit dem Messer oder einem Ausstecher zu Sternen schneiden.

Lieblingsobst als Fingerfood

Suchen Sie für den Obstteller zwei bis drei verschiedene Obstsorten aus, je nach Jahreszeit und nach den Vorlieben Ihres Kindes: z. B. Apfel, Birne, Pfirsich, Aprikose, Trauben, Banane, Melone, Orange, Mandarine, Kiwi.

Ein bunt gemischter Obstteller unterstützt ideal das Immunsystem und die körpereigenen Selbstheilungskräfte Ihres Kindes. Saftreiches Obst wie Melonen, Orangen, Kiwi und Weintrauben ersetzt zusätzlich den Flüssigkeitsverlust durch Schwitzen und liefert dem geschwächten Körper wichtige Aufbaustoffe.

Wirkung

1 Das Obst gründlich waschen und mit einem Küchentuch trockenreiben. Bei Apfel/Birne und Pfirsich/Aprikose das Kerngehäuse bzw. den Stein entfernen. Die Frucht eventuell schälen und in schmale Spalten schneiden.
2 Kernlose Trauben ganz lassen, große halbieren und von den Kernen befreien. Bananen schälen und in mundgerechte Scheiben schneiden.
3 Melonen von Schale und Kernen befreien, Fruchtfleisch in Würfel schneiden. Orangen und Mandarinen schälen, in Spalten teilen. Kiwi schälen, in Scheiben schneiden.

Tipp

- Richten Sie das Obst appetitlich an und achten Sie auf eine schöne Farbkombination. Ihr Kind muss nicht sofort zugreifen. Süßigkeiten oder andere ungesunde »Trösterchen« sollten allerdings nicht gleichzeitig erreichbar sein.
- Manche Kinder lieben es, wenn man aus den bunten Obststückchen auf dem Teller Muster legt: ein Gesicht, ein Schiff, eine Blume. Gegessen werden dann zuerst die »Blumenblätter« und dann der »Stängel« usw.
- Bereiten Sie nicht zu viel Obst auf einmal vor. Durch langes Stehen braun verfärbte, angetrocknete Obststückchen sehen nicht mehr appetitlich aus.
- Eine Studie der Universität Dortmund mit Schulkindern hat vor kurzem gezeigt, dass Kinder, denen mundgerechte Obst- und Gemüsestückchen serviert wurden, dreimal so viel davon aßen wie die Vergleichsgruppe, der unzerkleinerte Karotten, Äpfel und Bananen vorgesetzt wurden.

Holunderblütentee

Zubereitungszeit: 15 Minuten

1 TL getrocknete Holunderblüten
(selbst gesammelt oder aus der Apotheke)

1 Holunderblüten mit ¼ Liter kochendem Wasser übergießen und 10 Minuten zugedeckt ziehen lassen.
2 Durch ein feines Teesieb abseihen und so warm wie möglich trinken. Bei Kleinkindern unbedingt vor dem Servieren auf Trinktemperatur abkühlen lassen!

Tipp
Da der sehr eigene Geschmack der Holunderblüten nicht jedermanns Sache ist
und weil der Tee leicht bitter schmeckt, sollte man ihn für Kinder mit einem Löffel-
chen Honig oder lustig knisterndem Kandiszucker etwas abmildern.

Hinweis

*Bei Erkältung und grippalen
Infekten. Über den Tag verteilt
sollte Ihr Kind 3 bis 5 Tassen
jeweils frisch zubereiteten
Tee trinken.*

In der Naturheilkunde werden
Holunderblüten bei Erkältungskrankheiten eingesetzt. Sie
wirken entzündungshemmend,
schweißtreibend und schleimlösend.

Wirkung

Hinweis

Vitamin-C-reiches Getränk für fiebernde oder erkältete Kinder. Einmal täglich reichen.

Apfel-Sanddorn-Trunk

Zubereitungszeit: etwa 5 Minuten

80 ml Apfelsaft
150 ml Mineralwasser
2 EL Sanddornsaft

Alle Zutaten kräftig verquirlen und möglichst gleich servieren.

Tipp

Die geöffnete Flasche mit Sanddornsaft ist nur begrenzte Zeit ohne Vitaminverlust haltbar. Deshalb kann ruhig die ganze Familie ab und zu vorbeugend und zur Stärkung etwas Sanddornsaft zu sich nehmen. Sanddorn ist nicht nur die vitaminreichste kultivierte Pflanze, die wir kennen. Sie enthält auch eine enorme Menge weiterer bioaktiver Substanzen, die erst zum Teil erforscht sind.

Sanddornsaft enthält fünfmal so viel Vitamin C wie Zitronensaft. Entsprechend herbsauer schmeckt er auch. Bereits 4 Esslöffel Sanddornsaft decken den täglichen Bedarf eines Erwachsenen an natürlichem Vitamin C. Gemischt mit Apfelsaft oder in Joghurt oder Müsli ist Sanddornsaft nicht nur gesund, sondern eine fruchtig-erfrischende Variante zu Zitrusfrüchten. Kinder, die wegen Allergien oder Neurodermitis keine Zitrusfrüchte und Kiwis verzehren sollten, können Sanddornsaft auf individuelle Verträglichkeit testen. Verwenden Sie dabei bitte ungesüßten Saft, den Sie im Reformhaus erhalten.

Wirkung

Zitronentrunk

Zubereitungszeit: etwa 5 Minuten

1 Zitrone / 1/4 ml trinkwarmes, abgekochtes Wasser / 1/2 TL Honig

1 Die Zitrone auspressen. Zitronensaft und Wasser mischen.
2 Den Honig unterrühren und das Getränk lauwarm servieren.

Tipp

○ Vitamin C ist sehr hitzeempfindlich: Deshalb sollten Sie Zitronensaft nicht aufkcchen und nicht in kochendes Wasser mischen.
○ Je reifer die Zitrone ist, desto mehr Vitamin C enthält sie auch. Deshalb unbedingt reife, gelbe Früchte kaufen, möglichst aus biologischem Anbau.

Bananen-Orangen-Saft

Zubereitungszeit: etwa 5 Minuten

1 Banane / 200 ml Orangensaft / 1 EL zart schmelzende Haferflocken

1 Banane schälen und pürieren. Mit Orangensaft und Haferflocken gut verquirlen.
2 Den Bananen-Orangen-Trunk sofort servieren, sonst setzen sich die festen Bestandteile ab.

Hinweis

Erfrischendes Getränk für fiebernde oder erkältete Kinder. Einmal täglich reichen.

Der Vitamin-C-reiche Zitronensaft ist das klassische Mittel bei geschwächter Immunkraft, bei Erkältung und Fieber.

Wirkung

Hinweis

Reichhaltiges Getränk für rekonvaleszente Kinder. Auch als kleine Zwischenmahlzeit geeignet.

Neben Vitamin C enthält der Saft auch viel Folsäure und B-Vitamine.

Wirkung

Rezepte für eine gesunde Haut

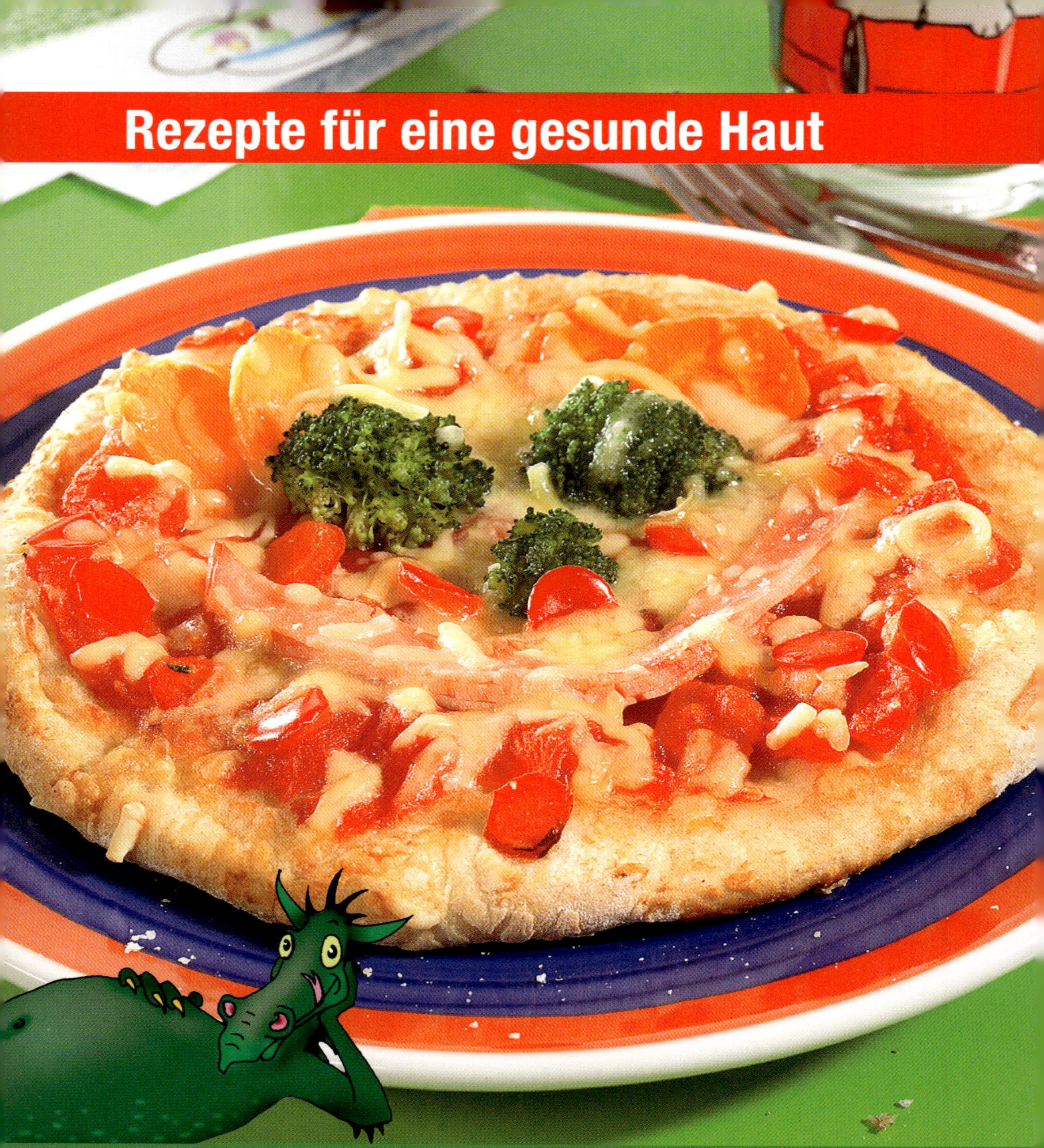

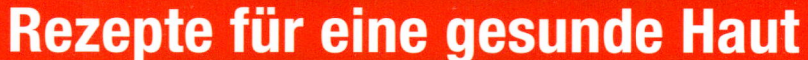

Juck-Quälgeister besänftigen

Pünktchen-Pizza

Zubereitungszeit: etwa 1½ Stunden

Für den Teig:

400 g Weizenvollkornmehl	1 EL Olivenöl
1 Beutel Trockenhefe	1 Prise Jodsalz
1 TL Honig	Mehl für die Arbeitsfläche

Für den Belag:

2-3 rote Paprikaschoten	150 g Gouda oder Schafskäse
200 g Brokkoli	2 EL Tomatenmark
2 Karotten	100 g Schinken (in Streifen)

1 Aus den Teigzutaten mit 200 Milliliter lauwarmem Wasser einen Hefeteig bereiten und abgedeckt an einem warmen Ort etwa 40 Minuten gehen lassen.

2 Paprikaschoten waschen und entkernen. Aus dem Fruchtfleisch mit einem Plätzchenausstecher Paprikapunkte ausstechen. Die Brokkoliröschen ablösen und waschen. Die Karotten waschen, schaben und in Scheibchen schneiden. Beides in wenig Wasser bissfest kochen.

3 Den Gouda reiben, den Schafskäse würfeln.

4 Den Backofen auf 220 °C (Umluft 200 °C) vorheizen, zwei Bleche mit Backpapier auslegen. Den Teig zu runden Fladen ausrollen. Diese auf die Bleche legen und mit Tomatenmark bestreichen. Schinken, Brokkoli und Karotten auflegen und zuletzt die roten Paprikapunkte verteilen.

5 Die belegten Pizzen mit Käse bestreuen und das Gemüse mit etwas Olivenöl bepinseln. Die beiden Backbleche nacheinander für jeweils 20 Minuten in den Ofen schieben.

Hinweis

Vollwertige Lieblingsmahlzeit für Windpocken-Kinder, aber auch für alle anderen an Ausschlägen leidenden kleinen Patienten.

Die Pizza hat keinen ausgesprochenen Heil-, dafür einen umso größeren Trosteffekt. Teig und Belag sind jedoch vollwertig und liefern dem kranken Kind wichtige Biostoffe zum Gesundwerden. Vollkornmehl enthält Mineralstoffe und B-Vitamine, Brokkoli viel Kalzium, die Karotten Beta-Karotin und die Paprikaschoten größere Mengen an Vitamin C.

Wirkung

Süße Karottencreme mit Vollkornbrötchen

Zubereitungszeit: etwa 20 Minuten

3 Karotten (ersatzweise 1 Babygläschen Frühkarotten)
100 g Magerquark
1 TL Sonnenblumenöl
1 TL Honig
Zimt
$^1/_2$ Kästchen Kresse oder $^1/_2$ grüne Paprikaschote
4 Vollkornbrötchen oder 8 Scheiben Vollkorntoast

Vitamin A ist das »Haut- und Augenvitamin«: Durch erhöhte Vitamin-A-Zufuhr bessert sich das Erscheinungsbild von schuppiger und juckender Haut, allgemein wird das gesunde Wachstum von Haut und Schleimhaut gefördert. Karotten enthalten fast im Überfluss die Vitamin-A-Vorstufe Beta-Karotin. Werden Karotten ohne Beigabe roh genossen, kann unser Körper dieses jedoch nur schwer verwerten. Fett hingegen fördert die Aufnahme von Beta-Karotin. Auch Kresse enthält viel Beta-Karotin und Vitamin C.

Wirkung

1 Karotten waschen, schaben und in feine Scheiben schneiden. $^1/_4$ Liter Wasser zum Kochen bringen und die Karotten bei mittlerer Hitze weich garen. In einem Sieb abtropfen lassen und im Mixer pürieren. Erkalten lassen.
2 Karottenpüree oder fertiges Frühkarottenpüree mit Magerquark und Sonnenblumenöl verrühren. Mit dem Honig und 1 Prise Zimt abschmecken.
3 Kresse abschneiden, waschen und abtropfen lassen. Paprika waschen, entkernen und in feine Streifen schneiden.
4 Brötchen halbieren oder Toast rösten und mit der Karottencreme bestreichen. Jede Brötchenhälfte mit etwas gewaschener Kresse oder Paprikastreifen verzieren.

Tipp

Säen Sie zusammen mit Ihrem Kind Kresse aus. In einem Topf mit Erde oder auch auf befeuchteter Watte wächst sie innerhalb von Tagen und fasziniert Kinder. Wer selbst säen, pflegen und ernten darf, ist eher bereit, die grüne Ernte auch zu essen.

Hirsecreme mit Früchten

Zubereitungszeit: etwa 25 Minuten
(davon 15 Minuten Quellzeit)

75 ml Milch
60 g Hirse
2 EL Honig
1 Tasse klein geschnittenes frisches Obst
(zum Beispiel Äpfel, Aprikosen, Birnen, Beeren, Bananen, Kirschen,
Trauben) oder Kompott oder Apfelmus

1 Milch und die gleiche Menge Wasser in einen Topf geben. Die Hirse einrühren und 5 Minuten kochen lassen. Bei schwacher Hitze weitere 15 Minuten quellen lassen.
2 Den Hirsebrei abkühlen lassen und den Honig unterrühren. Das vorbereitete Obst locker unterziehen oder die Hirsecreme in einen tiefen Teller füllen und die Obststücke dekorativ daneben anrichten.

Tipp
Aus der Hirsemasse lassen sich auch knusprige Plinsen backen: In die ausgequollene und gesüßte Hirse noch 1 Ei und so viel Vollkornmehl rühren, dass der Teig gut formbar wird. Mit nassen Händen kleine flache Küchlein formen und diese in einer beschichteten Pfanne mit wenig Sonnenblumenöl auf beiden Seiten ausbacken. Die Plinsen mit Zimtzucker bestreuen und mit Kompott servieren.

Hinweis
Vollwertige Mahlzeit mit wichtigen Biostoffen für die Haut.

Hirse enthält erfreulich viele Mineralstoffe und Spurenelemente. Darunter befindet sich als einer der wichtigsten Stoffe die siliziumhaltige Kieselsäure, die sehr wertvoll für ein gesundes Haut- und Nagelwachstum ist. Neben B-Vitaminen enthält Hirse auch größere Mengen an Fluor (für Knochen und Zähne) und Eisen, das durch das im Obst vorhandene Vitamin C noch besser genutzt werden kann.

Wirkung

Hinweis

Kleine Mahlzeit für vom Juckreiz gequälte Kinder.

Melonen enthalten Karotinoide, die der Körper in das hautfreundliche Vitamin A umwandelt. Bananen und Haferflocken liefern neben den »Nervenvitaminen« aus der B-Gruppe auch Zink, das die Aufnahme von Vitamin A unterstützt. Bei quälendem Juckreiz auf der Haut werden ständig über die Haut Nervenzellen stimuliert. Kein Wunder also, wenn betroffene Kinder zappelig und nervös werden. Eine gute Versorgung mit B-Vitaminen ist daher wichtig.

Wirkung

Melonenmüsli

Zubereitungszeit: etwa 10 Minuten

200 g Netzmelone
200 g Wassermelone
1 Banane
1 Apfel
1 EL Sanddornsaft
1 EL Honig
80 g zarte Haferflocken
1 Tasse Milch oder Saft (siehe Tipp)
$1/2$ TL Weizenkeimöl (wenn Saft verwendet wird, siehe Tipp)

1 Melonenstücke von der Schale befreien, die Kerne entfernen, und das Fruchtfleisch in kleine Würfel schneiden. Banane schälen und in feine Scheiben schneiden. Apfel waschen, von Stiel und Kerngehäuse befreien und in feine Würfel schneiden.

2 Das Obst mit Sanddornsaft und Honig mischen und auf vier Schälchen verteilen.

3 Mit den zarten Haferflocken bestreuen und bei Tisch mit Milch oder Fruchtsaft mit Weizenkeimöl umgießen.

Tipp

Kinder, die aufgrund einer Kuhmilcheiweiß-Allergie oder wegen Neurodermitis auf Kuhmilch verzichten, können das Müsli mit Ziegenmilch, stark hydrolysierter Milchersatznahrung (Apotheke) oder mildem Fruchtsaft anrühren. Wenn Sie Fruchtsaft verwenden, sollten Sie ihn vor dem Untermischen mit etwas Weizenkeimöl verquirlen, damit der Körper das Karotin optimal verwerten kann.

Kühler Drink mit Melone

Zubereitungszeit: etwa 20 Minuten

125 g Himbeeren
(frisch oder TK)
1/2 TL Weizenkeimöl
200 g Wassermelone

1 EL Sanddornsaft
175 ml Mineralwasser
1 EL Himbeersirup

1 Himbeeren abbrausen bzw. auftauen lassen. Die Hälfte der Himbeeren in den Kühlschrank stellen, die andere Hälfte mit dem Keimöl pürieren und durch ein Sieb streichen.
2 Von der Melone Schale und Kerne entfernen. Das Fruchtfleisch in kleine Würfel schneiden und zu den Himbeeren im Kühlschrank geben.
3 Das Himbeermark mit Sanddornsaft, Mineralwasser und Himbeersirup vermischen. Die Früchte aus dem Kühlschrank holen und vorsichtig unterrühren.
4 Den Melone-Himbeer-Drink mindestens 2 Stunden kalt stellen. In Gläser füllen und mit einem dicken Strohhalm und einem Löffel servieren.

Tipp

Außerhalb der Melonensaison im Hochsommer bekommen Sie vielleicht frische Mangos, die sich ebenso hervorragend für diesen Drink eignen. Auch das gelborange Fruchtfleisch der Mangos enthält – wie man an der Farbe schon sieht – große Mengen an Karotinoiden.

Das Fruchtfleisch der Melone enthält reichlich Karotinoide, die unser Körper (mithilfe des Weizenkeimöls) in Vitamin A umwandelt. Vitamin A ist für den Erhalt und die Erneuerung der Haut wichtig. Himbeeren haben vielfach wertvolle Pflanzenbegleitstoffe, die Polyphenole. Diese wirken unter anderem entzündungshemmend und immunstärkend – Eigenschaften, die sich bei Hautentzündungen, Neurodermitis oder Windpocken positiv auf die Haut auswirken. Ähnlich hohe Polyphenol-Anteile sind übrigens auch in frischen Kirschen und Grünkohl zu finden.

Wirkung

Rezepte für gesundes Wachstum

Knochensplitter-Kongo

Grünkohl mit Farfalle

Zubereitungszeit: etwa 35 Minuten

1 kg Grünkohl
1 Zwiebel
1 EL Sonnenblumenöl
1 TL zart schmelzende
Haferflocken
1/4 l Gemüsebrühe
(selbst gekocht oder Instant)

100 g Sahne
Jodsalz
300 g Farfalle
(Schmetterlingsnudeln)
Pfeffer
Muskatnuss
geriebener Parmesan zum Bestreuen

1 Den Grünkohl waschen und die harten Stiele entfernen. Die Blätter zusammen mit 100 Milliliter Wasser in einen Topf geben und bei mittlerer Hitze kurz aufkochen, bis die Blätter zusammengefallen sind. Abgießen und abkühlen lassen.
2 Den Grünkohl grob hacken. Die Zwiebel schälen und würfeln.
3 Das Sonnenblumenöl erhitzen und die Zwiebel darin glasig dünsten. Den Grünkohl und die Haferflocken unterrühren. Gemüsebrühe und Sahne zufügen und alles zugedeckt 15 Minuten leise kochen lassen.
4 In der Zwischenzeit reichlich Salzwasser zum Kochen bringen und die Nudeln nach Packungsanweisung garen.
5 Den Grünkohl mit Salz, Pfeffer und einer Prise geriebener Muskatnuss abschmecken. Zusammen mit den Nudeln servieren und mit frisch geriebenem Parmesan bestreuen.

Hinweis

Vollwertige Mahlzeit mit viel Kalzium für gesundes Knochenwachstum.

Grünkohl enthält viel wertvolles Kalzium und ist reich an den Vitaminen C und B_6. Daneben liefert er noch reichlich Beta-Karotin für Haut und Augen.

Wirkung

Hinweis

*Kalziumreiches Süppchen
für gesundes Wachstum.*

Brokkoli enthält wertvolles Kalzium, ist aber milder und bekömmlicher als andere Kohlsorten und nicht so »langweilig« weiß wie Blumenkohl. Außerdem enthält der grüne Verwandte unseres Blumenkohls im Vergleich mit diesem fünfmal so viel Kalzium und gar die fünfzehnfache Menge an Karotin.

Brokkolicremesuppe

Zubereitungszeit: etwa 30 Minuten

500 g Brokkoliröschen
Jodsalz
1–1½ l Gemüsebrühe (selbst gekocht oder Instant; siehe Tipp)
1 TL Sonnenblumenöl
3 EL Sahne
Pfeffer
Muskatnuss

1 Brokkoliröschen gründlich waschen. In einem Topf etwas Salzwasser zum Sieden bringen, die Röschen einlegen und so lange kochen lassen, bis sie am Strunk weich sind.
2 Mit dem Schaumlöffel die Brokkoliröschen aus dem Wasser nehmen. Die Gemüsebrühe erhitzen und eine kleine Menge davon zusammen mit dem Brokkoli im Mixer pürieren. Das Püree in die heiße Gemüsebrühe geben.
3 Sonnenblumenöl unterrühren und die Cremesuppe mit Salz, Pfeffer und einem Hauch geriebener Muskatnuss mild abschmecken. Nochmals kurz aufkochen lassen. Den Topf von der Feuerstelle nehmen und die Sahne unterrühren.

Tipp

⚬ Je nachdem, ob Sie die Suppe lieber flüssig oder sämig haben wollen, geben Sie mehr oder weniger Gemüsebrühe dazu.

⚬ »Stark wie ein Baum, dank der grünen Bäumchen!« Bei meinen Kindern weckte meine Geschichte, dass Brokkoli stark macht, Interesse am Gemüse. Und dabei habe ich gar nicht gelogen – angesichts der vielen wichtigen Inhaltsstoffe der kleinen Bäumchen ...

Froschkönig-Süppchen

Zubereitungszeit: etwa 30 Minuten

150 g Reis
Jodsalz
1 kleine Zwiebel
100 g Brunnenkresse
(oder Gartenkresse)

¼ l Gemüsebrühe
(selbst gekocht oder Instant)
Muskatnuss
1 frisches Eigelb
5 EL Sahne

1 Den Reis waschen und in 2 Liter siedendem Salzwasser bei mittlerer Hitze 15 Minuten garen. Die Zwiebel abziehen, in feine Würfel schneiden und 5 Minuten vor Ende der Garzeit zum Reis geben.

2 Die Kresse waschen. Den Zwiebelreis durch ein feines Sieb abgießen und zusammen mit der Kresse pürieren. Die Gemüsebrühe erwärmen und die Reis-Kresse-Creme unterrühren. Mit Salz und einem Hauch Muskat abschmecken.

3 Das Eigelb verquirlen und unter die Suppe ziehen. Die Suppe bei schwacher Hitze unter Rühren 2 Minuten ziehen lassen. Von der Kochstelle nehmen und die Sahne unterrühren.

Tipp

Manche Kinder lieben Croûtons in der Suppe. Wenn Sie die Zeit haben, bereiten Sie sie selber zu – das schmeckt viel besser als aus der Tüte: Eine Scheibe altbackenes Weißbrot oder ein halbes Brötchen in Würfel schneiden und in Butter rundherum knusprig braten. Noch warm über die Suppe streuen.

Hinweis

Kalziumreiche Suppe für gesundes Knochenwachstum. Als Alternative für Kinder, die Kohlgerichte nicht mögen.

Brunnen- und besonders Gartenkresse enthält viel wertvolles Kalzium. Kohlsorten, die ähnlich reich an Kalzium sind, werden von Kindern oft verschmäht. Servieren Sie Ihren Kindern doch einmal die aromatische und sättigende Froschkönig-Suppe!

Wirkung

Hinweis

Quark als wertvoller Kalzium-Lieferant wird hier in ansprechender Form für Kinder serviert. Auch für zu Übergewicht neigende Kinder geeignet.

Quarkfondue

Zubereitungszeit: etwa 25 Minuten

Für den Dip:
500 g Magerquark
150 g Sahnejoghurt
5 EL Milch
1 Prise Jodsalz

Zum Eintunken:
2 Eier
3 Tomaten
1/2 Salatgurke
je 1 rote und gelbe Paprikaschote

Zum Würzen:
z. B. fein gehackte Zwiebeln, fein gehackte Gewürzgurke, fein geschnittene Kräuter (Petersilie, Schnittlauch, Liebstöckel, Dill), Gewürze (Kümmel, Curry, Pfeffer, Paprika)

1 Quark, Joghurt, Milch und Salz in einer Schüssel anrühren und kühl stellen. Die Eier in 10 Minuten hart kochen, abschrecken, schälen und in kleine Würfel schneiden.
2 Tomaten waschen, Stielansatz entfernen und das Fruchtfleisch in kleine Würfel schneiden. Salatgurke waschen, nach Belieben schälen und ebenfalls würfeln. Die Paprikaschoten waschen, Stielansatz und Kerne entfernen und das Fruchtfleisch in dünne Streifen oder Würfel schneiden. Eier und Gemüse getrennt in kleinen Schälchen anrichten.
3 Eine Auswahl der Würzzutaten ebenfalls hübsch anrichten und zusammen mit Gemüse, Eiern und Quarkdip servieren.

Tipp
○ Servieren Sie das Quarkfondue mit verschiedenen Brotsorten.
○ Gemüse, Quark und Gewürze darf Ihr Kind auf dem Teller mischen. Damit das Fondue richtig »echt« wird, stellen Sie jedem ein eigenes Schälchen für den Dip neben den Teller, sodass man die Gemüsestücke mit der Gabel aufspießen und in den Quark eintunken kann.

Das Quarkfondue liefert viel Kalzium und wenig Fett. Das »etwas andere Fondue« eröffnet Kindern die Möglichkeit, kleine Mengen von Gemüse, Kräutern und Gewürzen zu probieren. Kinder lieben es, selbst zu mischen und zu entscheiden, was am besten schmeckt.

Wirkung

Banane-Pfirsich-Mix

Zubereitungszeit: etwa 5 Minuten

2 Bananen
2 reife Pfirsiche

¹/₂ l Milch
2 EL zart schmelzende Haferflocken

Die Bananen schälen. Die Pfirsiche waschen, kurz in heißes Wasser tauchen und häuten. Früchte halbieren und entsteinen. Das Obst mit etwas Milch im Mixer pürieren. Restliche Milch und Haferflocken unterrühren.

Hinweis

Kalziumreiches Getränk als Zwischenmahlzeit.

Frucht-Buttermilch

Zubereitungszeit: etwa 5 Minuten

1 Banane oder 1 Hand voll Beeren (Erdbeeren, Himbeeren) oder 1 Kiwi
¹/₂ l Buttermilch

1 Banane oder Kiwi schälen, Beeren waschen und putzen. Die Früchte pürieren.
2 Buttermilch in eine hohe Schüssel geben und mit dem Fruchtpüree verquirlen.

Hinweis

Kalziumreich, kalorienarm.

Buttermilch enthält viel wertvolles Kalzium und Milchzucker. Dieser sorgt dafür, dass das Kalzium vom Körper besser aufgenommen wird.

Wirkung

Ruhig schlafen
ohne Monsterbesuch

Reisauflauf

Zubereitungszeit: 30 Minuten
(plus 40 Minuten Backzeit)

1 l Milch
200 g Milchreis
3 Eier
100 g Zucker
1 Päckchen Vanillezucker
100 g Butter
50 g Rosinen, ungeschwefelt
Butter oder Margarine für die Form

1 Die Milch erwärmen, den Reis zufügen und bei mittlerer bis schwacher Hitze bissfest garen, dabei immer wieder umrühren. Den Milchreis abkühlen lassen. Backofen auf 190 °C (Umluft 170 °C) vorheizen.
2 Die Eier trennen. Eigelbe mit Zucker, Vanillezucker und der weichen Butter schaumig rühren. Den Milchreis und die Rosinen unterrühren.
3 Die Eiweiße sehr steif schlagen und unter die Reismasse ziehen.
4 Die Masse in eine gefettete Auflaufform füllen und im Backofen in etwa 40 Minuten goldgelb backen.

Tipp

o Nicht zu knapp vor dem Schlafengehen essen.
o Reichen Sie Kompott oder Fruchtmus dazu, es eignen sich Apfel, Birne, Pfirsich und besonders Banane.

Hinweis

Beruhigende, gehaltvolle Abendmahlzeit. 1 bis 2 Stunden vor dem Schlafengehen reichen.

Milch enthält Tryptophan, aus dem unser Körper Serotonin herstellen kann. Zucker beschleunigt diese Umwandlung. Ausreichend Serotonin benötigen wir, um entspannen und in den Schlaf finden zu können. Ein niedriger Serotoninspiegel begünstigt Angstzustände und Nervosität. Die Kohlenhydrate aus dem Reis stimulieren die Serotoninproduktion.

Wirkung

Milchnudeln mit Apfelkompott

Zubereitungszeit: etwa 15 Minuten

¹/₂ l Milch
75 g Nudeln
Zimtzucker zum Bestreuen
1 Portion Apfelmus (siehe Tipp)

Die Kohlenhydrate aus den Nudeln wandeln das Tryptophan aus der Milch schnell in Serotonin um. Das Apfelmus liefert zwar nicht ganz so viel Vitamin C wie ein frischer Apfel, doch die Glukose sorgt für eine glückliche Gute-Nacht-Stimmung.

Wirkung

1 Die Milch mit ¹/₂ Liter Wasser zum Kochen bringen, die Nudeln zugeben und bei mittlerer Hitze nach Packungsangabe garen. Dabei häufig umrühren.
2 Die bissfest bis weich gegarten Nudeln mit einem Schaumlöffel herausnehmen und in einen tiefen Teller legen – es darf ruhig etwas Kochflüssigkeit dabei bleiben.
3 Die Nudeln mit etwas Zimtzucker bestreuen und sofort mit dem Apfelmus servieren.

Tipp

Bereiten Sie das Apfelmus aus einer süßlichen Apfelsorte (z. B. Gala) zu. So können Sie die Zuckerzugabe selbst bestimmen: 2 Äpfel schälen, vom Kernhaus befreien und in wenig Wasser weich dünsten. Nach Belieben pürieren und mit Zucker oder Honig süßen.

Heiße Milch mit Honig und Banane

Zubereitungszeit: etwa 5 Minuten

150 ml Milch
1 TL Honig
1 kleine Banane

Die Milch auf Trinktemperatur erwärmen und den Honig ein-rühren. Die Banane schälen und in Scheiben schneiden. Bananenscheiben zur Honigmilch reichen.

Tipp
Bereiten Sie das Getränk auch einmal mit naturreinem Lavendelhonig aus dem Naturkostladen. Er enthält natürliche ätherische Öle aus den Lavendelblüten, die zusätzlich beruhigen.

Achtung:
○ Geben Sie Babys im ersten Lebensjahr keinen Honig. Im Honig können sich bestimmte Bakterien entwickeln, so genannte Klostridien. Sie entwickeln ein Gift, das für Säuglinge im ersten Lebensjahr sehr gefährlich, sogar tödlich wirken kann. Ultrahoch erhitzter Honig in Babynahrung ist davon nicht betroffen. In der Regel ist das Immunsystem von Kindern ab einem Jahr in der Lage, die Bakterien unschädlich zu machen.
○ Generell enthält kalt geschleuderter Honig mehr wertvolle Inhaltsstoffe. Achten Sie auf Markenware, damit Honig nicht nur süß, sondern auch ein vollwertiges Lebensmittel ist. Im Naturkostladen enthalten Sie besonders hochwertigen Honig, der leider sehr teuer ist.

Hinweis

Beruhigendes Getränk, das einen entspannten Schlaf fördert. Etwa 1 Stunde bis 30 Minuten vor dem Zu-Bett-Gehen reichen.

Milch als Serotoninspender und Glukose aus dem Honig fördern Entspannung und Schlaf. Auch Bananen haben einen hohen Gehalt an Serotonin wie auch an Vitamin B_6 und Magnesium – wichtig für unsere Nerven.

Wirkung

Hinweis

*Tee aus beruhigenden,
entkrampfenden Kräutern. Etwa
30 bis 15 Minuten vor dem
Schlafengehen reichen.*

Die beruhigende Wirkung von
Hopfen, Lavendel und Melisse
ist wissenschaftlich erwiesen.
Fenchel beruhigt die Schleimhaut im Magen-Darm-Bereich.
Er entkrampft und entbläht
und ist für den angenehm
süßlichen Geschmack des
Tees verantwortlich.

Wirkung

Lavendeltraum

Zubereitungszeit: etwa 10 Minuten

Grundrezept (in der Apotheke mischen lassen):
40 g Hopfenzapfen
20 g Lavendelblüten
30 g Melissenblätter
5 g angequetschte Fenchelfrüchte

1 Für eine Tasse Tee einen Esslöffel der Teemischung mit 150 Milliliter kochendem Wasser übergießen, abdecken und 10 Minuten ziehen lassen.
2 Durch ein feines Teesieb abseihen und auf Trinktemperatur abkühlen lassen. In kleinen Schlucken trinken.

Tipp
Den Tee bitte frisch vor dem Schlafengehen zubereiten und abgedeckt ziehen lassen, damit die für die Wirkung wichtigen ätherischen Öle sich nicht verflüchtigen. Möglichst warm trinken lassen (Temperatur prüfen!).

Schlummertrunk

Zubereitungszeit: etwa 5 Minuten

¹/₈ l Holunderbeersaft
1 kleines Stück Zimtstange
1 TL Zitronensaft
Kandiszucker

1 Den Holunderbeersaft mit der Zimtstange auf Trinktemperatur erwärmen (nicht kochen lassen!). Mit Zitronensaft und Kandiszucker abschmecken.
2 Die Zimtstange entfernen und den Schlummertrunk in einer Tasse reichen.

Tipp
Dieses gesunde und weihnachtlich duftende Getränk schmeckt als »Kinderpunsch« auch nach einem Spaziergang in der kalten Jahreszeit – himmlisch zu Plätzchen!

Hinweis

Schlafförderndes, wohlschmeckendes Saftgetränk. Unmittelbar vor dem Zu-Bett-Gehen trinken lassen.

Im Holunderbeersaft steckt neben anderen Vitalstoffen außerordentlich viel Vitamin C. Direkt vor dem Schlafengehen getrunken, fördert Holunderbeersaft auch einen gesunden Schlaf.

Wirkung

Macht uns (wieder) stark

Rote Drachensuppe

Zubereitungszeit: etwa 30 Minuten

Hinweis

Vitamin-C-reiche Suppe, die auch von mäkeligen Kindern gern gegessen wird.

3 rote Paprikaschoten
1 kleine Zwiebel
30 g Butter oder Margarine
2 EL Paprika, edelsüß
1 EL Tomatenmark
4 EL zart schmelzende Haferflocken

$^1/_8$ l weißer Traubensaft
1 l Gemüsebrühe
(selbst gekocht oder Instant)
Pfeffer
Jodsalz
3 EL Sahne

Paprikaschoten liefern viel Vitamin C, die hier verwendeten roten Schoten auch eine Menge Beta-Karotin. Auch im Traubensaft ist Vitamin C enthalten. Die aromatisch-fruchtige Suppe mit ihrer leuchtend roten Farbe weckt auch bei kleinen Suppenkaspern den Appetit.

Wirkung

1 Die Paprikaschoten gründlich waschen, Stielansatz und Kerne entfernen und das Fruchtfleisch fein würfeln. Die Zwiebel abziehen, klein hacken und in Butter oder Margarine glasig anschwitzen. Die Paprikawürfel hinzugeben und kurz mitgaren.

2 Paprikapulver, Tomatenmark und zart schmelzende Haferflocken zufügen und kurz anrösten.

3 Mit Traubensaft und Gemüsebrühe ablöschen und bei mittlerer Hitze rund 20 Minuten leise kochen lassen.

4 Die Suppe mit dem Mixstab pürieren und cremig einkochen lassen. Mit Pfeffer und Jodsalz abschmecken. Den Topf von der Herdplatte ziehen und die Sahne einrühren.

Tipp

○ Dazu passt geröstetes Weißbrot, für Erwachsene Knoblauchbrot.

○ Dekorieren Sie die Suppe mit Laugengebäck in Buchstabenform. Schwimmt der Name Ihres Kindes auf der Suppe, dann kann es wohl kaum widerstehen.

○ Mit der Sahne können Sie Muster oder ein Gesicht in die rote Suppe zeichnen.

Gemüsesuppe »Zauberkessel«

Zubereitungszeit: etwa 35 Minuten (im Dampfkochtopf)

1 kleine Zwiebel	2 rote Paprikaschoten
2 Zweige Petersilie	50 g Pflanzenmargarine
2 Blätter Liebstöckel oder Basilikum	1/2 l Gemüsebrühe
500 g Kartoffeln	(selbst gekocht oder Instant)
400 g Karotten	40 g Butter, 2 EL Mehl
1/2 kleiner Sellerie	Jodsalz, Pfeffer

Kartoffeln enthalten hochwertiges Eiweiß, Kalium, viel Vitamin C und eine akzeptable Menge B-Vitamine. Karotten und rote Paprikaschoten liefern Vitamin C und viel Beta-Karotin. Die wohlschmeckende, pürierte Gemüsesuppe macht es sogar kleinen Gemüsemuffeln leicht, auch einmal gesundes Gemüse zu essen.

Wirkung

1 Zwiebel abziehen und in kleine Würfel schneiden, Kräuter waschen und grob hacken. Kartoffeln, Karotten, Sellerie und Paprikaschoten waschen, putzen und eventuell schälen. Gemüse in Würfel schneiden.

2 Margarine im Dampfkochtopf erhitzen und die Zwiebelwürfel darin glasig anbraten. Kräuter und Gemüsewürfel zugeben und mit rund 2/3 der Gemüsebrühe ablöschen. Dampfkochtopf schließen und das Gemüse in 10 Minuten weich dünsten. Dampfkochtopf abkühlen lassen. Das Gemüse mit dem Mixstab pürieren.

3 Butter schmelzen lassen und das Mehl einrühren, bis eine Mehlschwitze entstanden ist. Mit der restlichen Gemüsebrühe ablöschen und das passierte Gemüse zugeben. Wenn die Suppe zu sämig ist, eventuell noch etwas Wasser zugießen. Die Suppe mit Salz und Pfeffer würzen. Dazu passen »Zauberkugeln« (Backerbsen aus der Tüte) oder geröstete Weißbrotwürfel oder Baguettescheiben.

Selbst gekochte Gemüsebrühe

Hinweis

Klare Suppe ohne Zusatzstoffe, die auch für Allergiker-Kinder gut geeignet ist.

Zubereitungszeit: etwa 40 Minuten

150 g Lauch	1 Hand voll Petersilie mit Stängeln
150 g Sellerie	1 großer Zweig Liebstöckel
200 g Karotten	4 EL Olivenöl
150 g Zucchini	1 TL Pfefferkörner
3 Tomaten	1 Lorbeerblatt
1 Zwiebel	1 TL Jodsalz

1 Gemüse und Kräuter gründlich waschen, jedoch nicht schälen. Das Gemüse in Würfel oder Scheiben schneiden. Die Zwiebel abziehen und grob würfeln.

2 In einem großen Topf das Olivenöl erhitzen, Gemüse und Kräuter zufügen und andünsten. Pfefferkörner und Lorbeerblatt hinzugeben und so lange rösten, bis sich auf dem Topfboden eine hellbraune Schicht gebildet hat. Mit 2 Liter kaltem Wasser ablöschen, salzen und aufkochen lassen. Die Brühe bei mittlerer Hitze 20 Minuten leise kochen lassen.

3 Ein großes Sieb mit einem Küchentuch (Baumwolle oder Leinen) auslegen und den Fond durchgießen.

Portionsweise tiefgekühlt, ist die selbst gekochte Gemüsebrühe stets zur Hand. Sie enthält garantiert keine Geschmacksverstärker und andere gesundheitsschädliche Zusätze und ist daher besonders für das empfindliche Immunsystem von Kindern besser geeignet als gekaufte Instant-Brühe.

Wirkung

Tipp
- Das Rezept lässt sich gut verdoppeln – dann haben Sie noch mehr Vorrat.
- Zum Einfrieren in portionsgerechte Gefrierbehälter einfüllen. Die Behälter nur zu 3/4 füllen, da sich die Flüssigkeit beim Einfrieren noch ausdehnt.
- Mit einer schnellen Suppeneinlage wie etwa Vollkornnudeln haben Sie im Handumdrehen eine kleine warme Mahlzeit für Ihr Kind zubereitet.

Hinweis

Vollwertige Mahlzeit mit reichlich Nährstoffen, Mineralien und Vitaminen in der bei Kindern beliebten Pizzaform.

Das Gemüse liefert Vitamin C und Beta-Karotin, Schinken und Käse hochwertiges Eiweiß, der Käse reichlich Kalzium. Vollkorntoast enthält mehr Mineralstoffe, Ballaststoffe und Vitamine als heller Weizentoast. Die pizzaähnliche Gestaltung macht Kinder neugierig – vielleicht dürfen sie beim Belegen helfen?

Wirkung

Wichteltoast

Zubereitungszeit: etwa 25 Minuten

2 Karotten
1 rote Paprikaschote
1 TL Olivenöl
8 Scheiben Vollkorntoast
4 EL Tomatenmark
8 Scheiben Putenschinken
8 Scheiben Greyerzer oder Ziegengouda

1 Die Karotten schaben und mit dem Gemüsehobel in feine Scheiben schneiden. Paprikaschote gründlich waschen, Stielansatz und Kerne entfernen und das Fruchtfleisch in feine Streifen schneiden. Öl erhitzen und das Gemüse kurz glasig anbraten, 5 Esslöffel Wasser zufügen und das Gemüse weich dünsten.

2 Backofen auf 200 °C (Umluft 180 °C) vorheizen. Toastbrot hell rösten, kurz auskühlen lassen und mit Tomatenmark bestreichen.

3 Gemüse in ein Sieb abgießen und abtropfen lassen. Jede Toastscheibe mit Putenschinken und Gemüsemischung belegen. Mit Salz und Pfeffer würzen (für Erwachsene kräftiger). Toast mit jeweils einer Scheibe Käse abdecken.

4 Toastbrote auf ein mit Backpapier ausgelegtes Backblech setzen. Im Backofen auf der mittleren Schiene überbacken, bis der Käse zerlaufen und goldgelb ist. Dazu passt frischer Salat oder Gurkenscheiben.

Spinat-Burger

Zubereitungszeit: etwa 30 Minuten

450–500 g gehackter Spinat (TK)	4 Eier
Jodsalz	5 EL Mehl
Pfeffer	Semmelbrösel
Muskatnuss	Öl zum Braten
1/2 Zwiebel	8 weiche Brötchen oder Burger-Brötchen

1 Spinat (kein Blatt- oder Rahmspinat!) auftauen lassen und mit Salz, Pfeffer und Muskat abschmecken. Zwiebel abziehen, halbieren und in sehr kleine Würfel schneiden.

2 Eier trennen. Eigelb, Mehl und Zwiebelwürfel zur Spinatmasse geben und nach Bedarf Semmelbrösel unterrühren (die Masse muss breiig sein, nicht zu flüssig).

3 Eiweiß sehr steif schlagen und unter die Masse ziehen. Den Teig nochmals mit Salz und Pfeffer abschmecken.

4 Öl in einer beschichteten Pfanne erhitzen. Die Masse in acht Portionen teilen. Jede Portion mit einem Esslöffel in die Pfanne setzen und etwas flach drücken, sodass kleine Fladen entstehen. Diese bei mittlerer Hitze von beiden Seiten goldbraun braten. Die fertigen Fladen im Backofen bei 50 °C warm halten.

5 Brötchen halbieren und mit den Spinattalern belegen.

Tipp

○ Die Spinat-Burger können zusätzlich auch noch mit einer Scheibe Käse belegt werden. Frischer Schnittkäse (Emmentaler, Greyerzer oder Ziegengouda) eignet sich hervorragend und ist viel gesünder als die mit Schmelzsalzen versehenen Schmelzkäsesorten.

○ Die Spinattaler schmecken auch lauwarm oder kalt.

Hinweis

Vollwertige Mahlzeit mit reichlich Vitaminen und Zink für »Gemüsemuffel«.

Trotz des legendären Kommafehlers enthält Spinat dennoch viel Eisen, die Vitamine C und E, Beta-Karotin und reichlich Zink, das für das Immunsystem sehr wichtig ist. Verpackt in weiche (Vollkorn-)Brötchen oder die geliebten Burger-Brötchen, sind die Spinattaler bestimmt auch bei Ihren Kindern ein Erfolg!

Wirkung

Vitaminreiche Rohkost zum Mit-den-Fingern-Essen als Zwischenmahlzeit.

Ähnlich wie mundgerecht serviertes Obst, wird auch appetitlich angerichtetes rohes Gemüse von Kindern meist sehr gern gegessen. Noch dazu, wenn sie es selbst in kleine Schüsselchen tunken dürfen. Die Dips sind mit wertvollen Milchprodukten zubereitet, sodass ruhig mal der geliebte Ketchup dabei sein darf. Kohlrabi ist reich an Vitamin C und Magnesium und enthält Eisen und Kalzium. Roter und gelber Paprika hat – wie die Karotten – neben Vitamin C viel Beta-Karotin. Zucchini ist reich an Kalium.

Wirkung

Lieblingsgemüse als Fingerfood

Zubereitungszeit: etwa 20 Minuten

| 4 Karotten | 1 rote Paprikaschote | 1 kleine Zucchini |
| 2 Kohlrabi | 1 gelbe Paprikaschote | ½ Salatgurke |

1 Gemüse waschen und putzen, eventuell schälen. In Streifen oder Stifte schneiden.
2 Das Gemüse auf Portionstellern oder auf einer großen Platte dekorativ anrichten und mit den Dips servieren.

Tomaten- und Quarkdip

Für den Tomatendip:

| 125 g Frischkäse | 2 Tomaten | Jodsalz |
| 150 g Naturjoghurt | 1 Bund Schnittlauch | Pfeffer |

Für den Quarkdip:

| 250 g Quark | 2 EL Ketchup | Pfeffer |
| 2 EL Milch | Jodsalz | Paprika, edelsüß |

1 Für den Tomatendip Frischkäse und Joghurt verrühren. Tomaten waschen, Stielansatz entfernen und in kleine Würfel schneiden. Unter die Frischkäsemasse ziehen.
2 Schnittlauch waschen und in kleine Röllchen schneiden. In den Frischkäse einrühren und die Masse mit Salz und Pfeffer abschmecken.
3 Für den Quarkdip den Quark mit Milch und Ketchup verrühren und mit Salz, Pfeffer und Paprikapulver abschmecken.

Nudeln mit Fenchel und Tomaten

Zubereitungszeit: etwa 25 Minuten

2 mittelgroße Fenchelknollen
400 g grüne Nudeln
300 g Tomaten
60 g Butter, Jodsalz
geriebener Parmesan zum Bestreuen

Fenchel liefert reichlich Vitamin A, C und E, auch den Mineralstoff Kalium. Seine entkrampfende und entblähende Wirkung ist bekannt. Auch Tomaten enthalten eine akzeptable Menge Vitamin C – zusammen mit dem Fenchel und den geliebten und für gute Laune sorgenden Nudeln eine gesunde Mahlzeit für Kinder.

Wirkung

1 Fenchelknollen putzen und das Grün abschneiden. Fenchel waschen, achteln und in Salzwasser etwa 10 Minuten garen. Den Fenchel mit einer Schaumkelle aus dem Wasser nehmen und warm stellen. Die Kochflüssigkeit mit reichlich Wasser auffüllen, aufkochen lassen und darin die Nudeln nach Packungsangabe bissfest kochen.

2 In der Zwischenzeit die Tomaten waschen, mit heißem Wasser überbrühen und häuten. Stielansatz entfernen und die Tomaten achteln. Butter in einem Topf zerlassen und die Tomaten darin kurz andünsten.

3 Die Nudeln abgießen und mit dem Fenchel zu den Tomaten geben, alles vorsichtig vermischen. Mit Salz abschmecken und nach Belieben mit Parmesan bestreuen.

Tipp

Die Portionen für die Erwachsenen können Sie mit wenig Aufwand etwas herzhafter würzen: In einer separaten Pfanne 1 kleine Zwiebel, fein gewürfelt, und 1 durchgepresste Knoblauchzehe in etwas Olivenöl anbraten und zu den Nudeln geben. Die fertigen Erwachsenen-Portionen mit frisch gemahlenem Pfeffer überstreuen.

Moby Dick – pochiertes Dorschfilet

Zubereitungszeit: etwa 25 Minuten

4 Scheiben Dorschfilet
Saft von 1/2 Zitrone
Jodsalz
Pfeffer
2 l Gemüsebrühe (Instant)

1 Fischfilets waschen und trockentupfen. Mit Zitronensaft beträufeln und mit Salz und Pfeffer würzen. Gemüsebrühe aufkochen, Fischfilets einlegen und auf mittlere Hitze zurückschalten.

2 Den Fisch je nach Dicke der Filets 10 bis 12 Minuten garen. Fischfilets mit zwei Pfannenwendern vorsichtig aus dem Sud nehmen und rasch servieren.

3 Kinderportionen entsprechend zerkleinern und gründlich auf eventuell noch vorhandene Gräten untersuchen.

Tipp

◌ Servieren Sie zu diesem »schnellen« Fischgericht einen – rechtzeitig vorbereiteten – Kartoffelsalat oder Salzkartoffeln mit Salat oder Gemüse.

◌ Falls Ihr Kind ein »Fischmuffel« ist: Besser es isst Fischstäbchen als gar keinen Fisch! Fischstäbchen werden aus Seelachs hergestellt. Leider können sie wegen der Panade in der Pfanne nur relativ fettintensiv zubereitet werden. Verwenden Sie deshalb eine beschichtete Pfanne oder garen Sie sie ohne Fett auf einem mit Backpapier belegten Backblech bei 200 °C (Umluft 180 °C) rund 15 Minuten im Backofen. Reichen Sie vollwertiges Gemüse oder Salat dazu. Etwas Ketchup ist erlaubt, Mayonnaise sollte tabu sein.

Hinweis

Leichte, jodreiche Hauptmahlzeit mit wertvollem Eiweiß.

Jodmangel kann zu schwer wiegenden Stoffelwechselstörungen führen. Die Bundesrepublik, und besonders die südlichen Landesteile, gelten als Jodmangelgebiet. Seefisch ist die Jodquelle schlechthin. Kabeljau, Dorsch (junger Kabeljau), Scholle und Schellfisch enthalten besonders viel davon. Dorsch, Seelachs und Schellfisch liefern außerdem noch viel Selen – wichtig für das Immunsystem – und zahnschützendes Fluor.

Wirkung

Putengeschnetzeltes mit Paprikasoße

Hinweis

Vollwertige Mahlzeit mit wertvollem Eiweiß und vielen Vitaminen. Auch für zu Übergewicht neigende Kinder geeignet.

Pute enthält wertvolles Eiweiß, viel Zink und Eisen. Zudem ist Putenfleisch fettarm und daher auch für zu Übergewicht neigende Kinder als tierische Eiweißquelle geeignet. Gemüsepaprika liefert viel Vitamin C und Beta-Carotin.

Wirkung

Zubereitungszeit: etwa 30 Minuten

2 Putenschnitzel	2 EL Tomatenmark
$1/2$ Zwiebel	2 EL Ketchup
1 rote Paprikaschote	Jodsalz
1 EL Olivenöl	Pfeffer
$1/4$ l Gemüsebrühe	Paprikapulver, edelsüß
(selbst gekocht oder Instant)	2 EL Sahne

1 Putenschnitzel waschen, trockentupfen und in schmale Streifen oder Würfel schneiden. Zwiebel abziehen, halbieren und in Würfel schneiden. Paprikaschote gründlich waschen, Stielansatz und Kerne entfernen. Das Fruchtfleisch in feine Streifen schneiden.

2 Olivenöl in einer Pfanne erhitzen. Zwiebelwürfel darin glasig anbraten. Putenstreifen zufügen und anbraten. Mit der Gemüsebrühe ablöschen.

3 Die Paprikastreifen dazugeben und zugedeckt 10 Minuten bei mittlerer Hitze garen.

4 Tomatenmark, Ketchup und Gewürze zufügen und nochmals 5 Minuten kochen lassen. Pfanne von der Herdplatte ziehen, Soße abschmecken und die Sahne unterrühren.

Tipp

⊘ Verwenden Sie möglichst Putenfleisch aus artgerechter Tierhaltung.

⊘ Dazu passen (Vollkorn-)Reis und Salat.

Schweineschnitzel mit Kräuterbutter

Zubereitungszeit: etwa 30 Minuten

4 kleine Schweineschnitzel (oder 2 große)
Jodsalz
Pfeffer
1 EL Mehl
Öl oder Pflanzenmargarine zum Braten
1 EL Butter
2 EL gehackte Kräuter (z. B. Schnittlauch, Petersilie, Thymian, Liebstöckel)

1 Die Schnitzel waschen, trockentupfen und leicht klopfen. Mit Salz und Pfeffer würzen und im Mehl wenden.
2 Öl in einer Pfanne erhitzen. Die Schnitzel darin rasch von beiden Seiten anbraten und bei mittlerer Hitze in 5 bis 8 Minuten goldbraun braten.
3 Die weiche Butter mit gehackten Kräutern vermengen und zum Servieren eine kleine Portion davon auf jedes Schnitzel geben.

Tipp
Dazu passen Kartoffel-Gurken-Salat oder Pellkartoffeln mit Karottengemüse.

Hinweis

Fleischmahlzeit als wichtige Eisen- und Zinkquelle für gesundes Wachstum.

Schweinefleisch enthält zwar nur rund halb so viel Eisen und Zink wie Rindfleisch, ist aber kurzfaseriger und daher bei Kindern beliebter. Achten Sie auf gesunde Beilagen wie Kartoffeln oder Reis und Gemüse oder Salat.

Wirkung

Lammfrikadellen

Zubereitungszeit: etwa 35 Minuten

1 altbackenes Brötchen	Jodsalz, Pfeffer
1 Zwiebel	Curry
1 Ei	eventuell Semmelbrösel
250 g Lammhackfleisch (siehe Tipp)	Öl oder Margarine zum Braten

1 Brötchen in kaltem Wasser einweichen, sodass es ganz bedeckt ist (eventuell mit einem Teller beschweren). Zwiebel abziehen und in kleine Würfel schneiden. Mit Ei und Hackfleisch in eine Schüssel geben. Das eingeweichte Brötchen ausdrücken, in kleine Stücke zerreißen und ebenfalls zum Fleisch geben. Mit Salz und Pfeffer gut würzen, 1 Prise Curry zufügen und alles sehr gut vermischen. Wenn die Masse zu breiig ist, eventuell noch Semmelbrösel dazugeben.

2 Öl in einer Pfanne erhitzen, mit nassen Händen Frikadellen formen und von beiden Seiten anbraten. Bei mittlerer Hitze 20 Minuten garen, dabei einmal wenden.

Tipp

○ Lassen Sie das Lammfleisch beim Metzger durch den Fleischwolf drehen oder hacken Sie es selbst sehr fein.

○ Dazu passt Kartoffelsalat und ein kleiner Klecks Ketchup.

Lammfleisch enthält hochwertiges Eiweiß, viele B-Vitamine, vor allem das Vitamin B12, das in pflanzlichen Lebensmitteln nicht vorkommt, und reichlich Eisen. Außerdem liefert es besondere Linolsäuren, die nach neuesten Studien zellschützend sein sollen und denen sogar eine hemmende Wirkung bei bestimmten Krebsarten nachgesagt wird. Die Kartoffeln steuern viel Vitamin C, Kalium und Magnesium bei.

Wirkung

Kinder-Tiramisu

Die meisten Kinder naschen leidenschaftlich gerne und das ist – ganz klar – nicht wirklich gesund. Nach einer überstandenen Krankheit und in Maßen ist dieses Tiramisu aber nicht nur für die Seele gut. Der vitaminhaltige Saft und die Milch sind gesunde Komponenten.

Wirkung

Zubereitungszeit: etwa 15 Minuten

1 Päckchen Vanillepuddingpulver
1/2 l Milch
300 ml Orangensaft (siehe Tipp)
150 g Löffelbiskuits
Kakao- oder Schokoladenpulver oder Schokostreusel

1 Vanillepuddingpulver mit der Milch nach Anweisung zubereiten und kalt stellen.
2 Saft in eine Schüssel gießen und die Löffelbiskuits rasch darin wenden. Den Boden einer flachen Auflaufform mit der Hälfte der getränkten Biskuits auslegen. Darüber die Hälfte des Vanillepuddings geben. Die restlichen Löffelbiskuits auflegen und mit dem übrigen Vanillepudding abschließen.
3 Das Kinder-Tiramisu 1 Stunde in den Kühlschrank stellen und vor dem Servieren mit Kakao- oder Schokoladenpulver oder Schokostreuseln überziehen.

Tipp

○ Statt mit Kakaopulver können Sie das Tiramisu auch mit Fruchtstückchen oder frischen Beeren garnieren.
○ Anstelle von reinem Orangensaft können Sie auch Acerola-Kirsch-Apfelsaft oder einen hochwertigen, hellen Vitaminsaft verwenden, der nicht zu dünnflüssig ist.

Obstsalat mit Schokozauber

Hinweis

*Vitaminreiche, leichte Nach-
speise oder Zwischenmahlzeit.*

Zubereitungszeit: etwa 15 Minuten

2 Äpfel (oder 1 Apfel und 1 Birne)
50 g Weintrauben
1 Orange
1 Kiwi
2 Bananen

Saft von 1/2 Zitrone
1 TL Puderzucker
eventuell 1 EL ungeschwefelte
Rosinen
Schokoraspel

Diese Nachspeise enthält eine
Menge Vitalstoffe. Seien Sie
deshalb ruhig großzügig mit
dem Top aus Schokolade, sofern Ihr Kind das Obst darunter
nicht vergisst.

Wirkung

1 Die Äpfel waschen, vierteln, von Stiel und Kerngehäuse befreien und in Würfel oder kleine Schnitze schneiden. Die
   Weintrauben gründlich waschen. Orange und Kiwi schälen
   und in kleine Stücke schneiden. Die Bananen schälen und
   in dünne Scheiben schneiden.
2 Zitronensaft und Puderzucker verrühren und über das
   Obst gießen. Alles vorsichtig mischen und nach Belieben
   Rosinen dazugeben.
3 Den Obstsalat in Portionsschälchen anrichten und vor dem
   Servieren die Schokoraspel darüber streuen.

Tipp

o Variieren Sie dieses »Winterrezept« ganz nach Belieben und ergänzen Sie es mit
  dem Lieblingsobst Ihrer Familie. In der warmen Jahreszeit passen frische Som-
  merfrüchte hinein – zum Beispiel eine Hand voll Beerenfrüchte, ein Pfirsich, Melonenstücke, entkernte Kirschen oder Pflaumen.
o Die Schokoraspel gibt es als Fertigprodukt bei den Backzutaten. Sie können sie
  aber auch aus Ihrer Lieblingsschokolade mit einem scharfen Messer oder einer
  groben Reibe selbst herstellen.

Hinweis

Vitaminreiches, kalorienarmes Dessert, bei Kindern sehr beliebt.

Roter Wackelpudding

Zubereitungszeit: etwa 15 Minuten
(plus 4–5 Stunden Kühlzeit)

6 Blatt rote Gelatine
$1/2$ l roter Fruchtsaft (aus Roter Johannisbeere, roten Trauben,
Holunderbeeren oder Himbeeren)
2 EL Puderzucker
Obststückchen zum Garnieren

Eine feine Nachspeise, reich an Vitamin C und Beta-Karotin.

Wirkung

1 Die Gelatine etwa 10 Minuten lang in kaltem Wasser einweichen. Fruchtsaft und Puderzucker in einem Topf erhitzen und umrühren, bis sich der Puderzucker aufgelöst hat.

2 Die Gelatine ausdrücken, 5 Esslöffel heißen Fruchtsaft entnehmen und über die Gelatine geben. Gut verrühren, damit sich keine Klümpchen bilden, und rasch zum restlichen Fruchtsaft geben. Nochmals gut verrühren, bis die Gelatine gelöst ist.

3 In kalt ausgespülte Puddingförmchen gießen, etwas auskühlen lassen und 4 bis 5 Stunden, besser über Nacht, im Kühlschrank fest werden lassen.

4 Zum Servieren auf Portionsteller stürzen. Löst sich der Wackelpudding nicht aus der Form, die Form eventuell kurz in heißes Wasser tauchen und dann stürzen. Den Wackelpudding mit Obststückchen garnieren.

Tipp

Erhitzen Sie den Fruchtsaft erst, wenn die Gelatine weich ist, damit Sie diese rasch verarbeiten können und der Fruchtsaft nur so kurz wie nötig erhitzt wird – das schont die Vitamine.

Omas Holundersaft

Das Immunsystem stärkender,
vitaminreicher Saft.

Zubereitungszeit: etwa 40 Minuten

1 kg frische, reife Holunderbeeren
250 g Zucker
$1/2$ TL gemahlener Zimt

Holunderbeeren haben wertvolle Inhaltsstoffe (Vitamin A, B_1, B_2, C, Kalium, Kalzium). Der Saft kann pur oder als Schorle, aber auch in heißem Holunderblütentee getrunken werden. Der Saft wirkt heilsam bei Erkältungskrankheiten, außerdem fördert er einen gesunden, ruhigen Schlaf.

1 Die Holunderbeeren waschen, von den Stielen zupfen und durch ein Sieb passieren. Den gewonnenen Saft in einem großen Topf mit Zucker und Zimt vermischen. Kurz aufkochen lassen und bei mittlerer Hitze 5 Minuten kochen, dabei immer wieder umrühren.

2 Flaschen heiß ausspülen, wenn möglich sterilisieren. Den Holundersaft sofort sehr heiß einfüllen und die Flaschen gut verschließen. Kühl und dunkel lagern.

Wirkung

Tipp
○ Der Saft sollte nicht länger als ein Jahr gelagert werden, da er sonst seine wertvollen Inhaltsstoffe verliert.
○ Sie können Holunderbeersaft auch im Naturkostladen oder in Reformhäusern erwerben.

Starke-Ritter-Tee

Hinweis

Stärkt die Abwehrkräfte und hilft bei beginnender Erkältung. Zweimal täglich eine Tasse Tee trinken lassen.

Zubereitungszeit: etwa 10 Minuten

Grundrezept (in der Apotheke mischen lassen):
20 g Holunderblüten
20 g Lindenblüten
10 g Hagebutten
5 g Anis

Außerdem:
Saft von 1 Orange

Die ätherischen Öle in Holunder- wie in Lindenblüten wirken stark schweißtreibend und fiebersenkend. Hagebutten enthalten enorme Mengen an Vitamin C und tragen nebenbei zur schönen Farbe und zum angenehmen Geschmack des Tees bei. Anis beruhigt, entspannt und duftet angenehm.

1 Für eine Tasse Tee 2 Teelöffel der Teemischung mit 150 Milliliter kochendem Wasser übergießen, abdecken und 15 Minuten ziehen lassen.
2 Durch ein feines Teesieb abseihen und auf Trinktemperatur abkühlen lassen. Den Orangensaft zum Tee geben.

Tipp

Geben Sie den Orangensaft erst zu, wenn der Tee schon auf Trinktemperatur abgekühlt ist. Dann wird möglichst wenig Vitamin C durch die Hitze zerstört.

Räubertrunk

Zubereitungszeit: etwa 5 Minuten

2 TL Apfelessig
1 TL Honig
150 ml Mineralwasser oder Apfelschorle

Alle Zutaten gründlich miteinander verrühren, bis sich der Honig aufgelöst hat.

Tipp
○ Wenn Ihr Kind Magen-Darm-Probleme hat, sollte es dieses Getränk nicht bekommen.
○ Ist Ihrem Kind der Räubertrunk zu sauer, versuchen Sie es anfangs mit nur einem Teelöffel Apfelessig.

Hinweis

Wirksam bei beginnender Erkältung, außerdem appetitanregend. Zwei- bis dreimal täglich trinken lassen.

Der Trunk kann eine beginnende Erkältung räubermäßig in die Flucht schlagen. Etwa eine Stunde vor dem Essen getrunken, wirkt er zudem appetitanregend und hilft durch Infekte geschwächten Kindern in der Rekonvaleszenz, schneller wieder fit zu werden.

Wirkung

Es war einmal ...

Rotkäppchens Gugelhupf

Zubereitungszeit: etwa 20 Minuten (plus 50 Minuten Backzeit)

Fett und Mehl für die Form
200 g Butter
200 g Zucker
1 Päckchen Vanillezucker
4 Eier

1 TL Zimt, 2 EL Kakao
250 g Mehl
1/8 l Milch
1/2 Päckchen Backpulver
Puderzucker zum Bestäuben

1 Den Backofen auf 200 °C (Umluft 180 °C) vorheizen. Eine Gugelhupf-Form einfetten und mit Mehl bestäuben.

2 Die weiche Butter in einer großen Schüssel cremig rühren. Zucker, Vanillezucker und Eier nacheinander zugeben und den Teig schaumig rühren.

3 Zimt, Kakao und die Hälfte des Mehls durch ein Sieb einstreuen und gut unterrühren. Die Milch zugeben. Restliches Mehl und Backpulver in die Schüssel sieben und alles gründlich verrühren.

4 Den Rührteig in die Gugelhupf-Form füllen und im vorgeheizten Backofen rund 50 Minuten backen.

5 Den Gugelhupf 5 Minuten auskühlen lassen, dann auf ein Kuchengitter stürzen und mit Puderzucker bestäuben.

Tipp

So bekommt der Kuchen auch Kuhmilch-Allergikern: Verwenden Sie statt der Milch roten Traubensaft und statt Butter Pflanzenmargarine.

Wer möchte den feinen Kuchen probieren, den Rotkäppchen ihrer Großmutter bringt? Der hungrige Wolf hat keine Chance, bei uns zu landen. Und den Kuchen essen wir lieber selbst und teilen ihn mit den Menschen, die uns am Herzen liegen.

Es war einmal...

Lebkuchen vom Hexenhaus

Zubereitungszeit: etwa 30 Minuten (plus 12 Stunden Ruhezeit)

300 g Mehl
1 TL Backpulver
100 g gemahlene Haselnüsse
100 g Rosinen
150 g flüssiger Honig
1 Ei + 1 Eigelb
3 TL Lebkuchengewürz

Zum Verzieren:
200 g Zartbitterschokolade
100 g Aprikosenmarmelade

Ach, würden wir es nur finden, irgendwo im Wald: ein Lebkuchenhaus. Und dann die süßen Lebkuchen abbrechen und davon naschen – natürlich zusammen mit unseren Eltern, die uns nicht allein gelassen haben. Und die Hexe? Die würden wir gleich in ihr Häuschen sperren.

Es war einmal ...

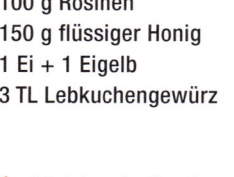

1 Mehl mit Backpulver und Nüssen mischen. Die Rosinen fein hacken und mit Honig, Ei, Eigelb und Lebkuchengewürz zur Nuss-Mehl-Mischung geben. Mit dem Knethaken des Handrührgerätes zu einem festen Teig kneten. Den Teig mit einem Geschirrtuch abdecken und über Nacht im Kühlschrank ruhen lassen.

2 Backofen auf 180 °C (Umluft 160 °C) vorheizen. Den Teig etwa 1 Zentimeter dick ausrollen. Plätzchen ausstechen und auf einem mit Backpapier ausgelegten Backblech etwa 20 Minuten backen.

3 Die Schokolade in Stückchen brechen und im Wasserbad schmelzen lassen. Die Plätzchen mit der Marmelade bestreichen und diese trocknen lassen. Mit der flüssigen Schokolade bepinseln. In einer Blechdose aufbewahren. Nach 10 bis 14 Tagen schmecken die Lebkuchen am besten.

Wolf-und-sieben-Geißlein-Kuchen

Zubereitungszeit: etwa 20 Minuten
(plus 60 Minuten Backzeit)

250 g flüssiger Honig
150 g Zucker
500 g Mehl
1 Päckchen Backpulver
50 g Orangeat
50 g Zitronat

100 g gemahlene Haselnüsse
1 TL Zimt
$\frac{1}{8}$ l Milch
1 Ei
Butter und Mehl für die Form

Dieser leckere Kuchen vom Bäckermeister machte es dem Wolf möglich, mit honigsanfter Stimme die sieben Geißlein zu täuschen. Uns dagegen macht keiner so schnell etwas vor!

Es war einmal…

1 Kuchenform einfetten und mit Mehl bestäuben. In einem Topf Honig und Zucker langsam erwärmen, bis der Zucker gelöst ist. Den Honigzucker gut abkühlen lassen.
2 Mehl mit Backpulver, Orangeat, Zitronat, Nüssen und Zimt mischen. Anschließend den abgekühlten Honigzucker, Milch und Ei zugeben und alles zu einem glatten Teig vermengen. Diesen in die Kuchenform füllen und bei 180 °C (Umluft 160 °C) etwa 60 Minuten backen.

Tipp
Wegen des hohen Zuckergehalts bräunt der Kuchen rasch. Bitte kontrollieren Sie öfter und schalten Sie gegebenenfalls die Temperatur etwas zurück.

Schneewittchens Liebesapfel

Zubereitungszeit: etwa 20 Minuten

4 Äpfel
500 g Zucker
1 TL rote Speisefarbe
1 TL Apfelessig
4 dicke Holzspieße

Die als Bäuerin verkleidete böse Königin brachte Schneewittchen einen vergifteten Apfel. Der war so wunderschön anzusehen und so appetitlich rot, dass Schneewittchen nicht widerstehen konnte. Zum Glück ist unser Liebesapfel nur lecker und keine Spur giftig!

Es war einmal …

1 Die Äpfel entstielen, gründlich waschen und trockenreiben. Jeden Apfel auf einen Holzspieß stecken. 100 Gramm Zucker in einen tiefen Teller füllen. Den übrigen Zucker zusammen mit Speisefarbe, Essig und 5 Esslöffel Wasser unter ständigem Rühren (Kochlöffel aus Holz) in einem Topf schmelzen, bis ein dicklicher Sirup entstanden ist.
2 Die Äpfel nacheinander in den Sirup tauchen und drehen, bis jeder Apfel eingehüllt ist. Die Äpfel zum Trocknen kopfüber in den Zuckerteller stellen.

Tipp
⊘ Für kleine Schokoladenfans können Sie die Äpfel auch mit Zartbitterschokolade überziehen. Dazu 200 Gramm Schokolade in Stückchen brechen und im Wasserbad schmelzen. Die aufgespießten Äpfel in der Schokolade wenden.
⊘ Mit diesem Schokoüberzug lassen sich übrigens auch viele andere Obstsorten als relativ gesunde Nascherei »verpacken«: Versuchen Sie es zum Beispiel einmal mit Erdbeeren, Bananenstücken oder grünen Weintrauben! So probieren auch Obstmuffel verschiedene Früchte und sind später vielleicht sogar bereit, ihre Lieblingsfrüchte auch ohne Schokolade zu essen.

Pflaumenmus vom tapferen Schneiderlein

Zubereitungszeit: etwa 20 Minuten

500 g Pflaumen oder Zwetschgen
80 g Zucker
1 Stück Zimtstange

1 Die Pflaumen waschen, entsteinen und vierteln. 1/4 Liter Wasser in einem Topf erhitzen, Zucker und Zimtstange dazugeben und alles aufkochen lassen. Die Pflaumenstücke zufügen und bei mäßiger Hitze etwa 10 Minuten ziehen lassen.

2 Die Zimtstange entfernen und das Kompott abschmecken, eventuell etwas nachsüßen. Um des Schneiderleins Pflaumenmus zu erhalten, die Pflaumen pürieren oder mit der Gabel zerdrücken.

Tipp
Zwetschgen benötigen etwas mehr Wasser als Pflaumen. Das Kompott schmeckt pur als Nachspeise oder zu süßen Aufläufen oder Milchreis.

Das tapfere Schneiderlein hatte sich gerade ein leckeres Pflaumenmus-Brot gemacht. »Das Mus wird mich kräftig und stark machen!«, freute es sich. Und Recht hatte es. Doch da landeten gleich sieben Fliegen auf dem Brot. Das brachte das Schneiderlein auf eine Idee.

Es war einmal ...

Frau Holle und das Brot der Goldmarie

Zubereitungszeit: etwa 15 Minuten (plus 45 Minuten Backzeit)

200 g Grahammehl
225 g Weizenvollkornmehl
75 g feine Haferflocken
1 TL Jodsalz
1 TL Natron
500 g Buttermilch
1 Messerspitze Ascorbinsäure (siehe Tipp)

1 Backofen auf 200 °C (Umluft 180 °C) vorheizen und ein Backblech mit Backpapier auslegen.
2 Beide Mehlsorten, Haferflocken, Salz und Natron in einer großen Schüssel miteinander vermischen. Buttermilch und Ascorbinsäure hinzugeben und mit einem Holzlöffel gründlich verrühren.
3 Den Teig zu einem runden Laib formen und auf das Backblech legen. Im vorgeheizten Backofen etwa 45 Minuten backen.

Als das Mädchen in einen Brunnen gefallen war, landete es auf einer wunderschönen Wiese. Aus einem Backofen rief ein Brot: »Zieh mich heraus, sonst verbrenne ich!« Schnell zog das Mädchen alle Brote heraus und legte sie fein säuberlich auf einen Stapel.

Es war einmal…

Tipp
○ Das Brot ist fertig, wenn es hohl klingt, sobald man auf die Unterseite klopft.
○ Ascorbinsäure ist Vitamin-C-Pulver, das Sie in reiner Qualität in der Apotheke oder Drogerie erhalten. Es schützt die Zutaten vor dem Oxidieren, d. h., das Brot wird nicht so schnell grau. Außerdem stabilisiert Vitamin C den Teig, damit das fertige Brot nicht so leicht zerbröckelt.

Auflauf »Prinzessin auf der Erbse«

Zubereitungszeit: etwa 35 Minuten
(plus 25 Minuten Backzeit)

Für die Pfannkuchen:

2 Eier	Jodsalz
150 g Mehl	Butter oder Pflanzenmargarine
1/2 l Milch zum Backen	

Backofen auf 50 °C vorheizen. Die Eier trennen. Eigelb, Mehl, Milch und 1 Prise Salz verrühren. Das Eiweiß sehr steif schlagen und unter den Teig heben. In heißem Fett nacheinander nicht zu dünne Pfannkuchen goldbraun backen.

Für die Füllung:

200 g Erbsen (TK)	3 EL Mehl
200 g Putenschinken	375 ml Milch
50 g Emmentaler	Jodsalz, Pfeffer
30 g Butter	Butter für die Form

1 Erbsen auftauen lassen, nach Packungsanweisung garen und mit einem Schaumlöffel aus dem Topf heben. Putenschinken in Streifen schneiden, Käse reiben.

2 Butter zerlassen, das Mehl einrühren und hellgelb anschwitzen. Die Milch zugießen und die Soße unter Rühren bei mäßiger Hitze 5 Minuten kochen lassen. Mit Salz und Pfeffer würzen. Den Backofen auf 200 °C (Umluft 180 °C) vorheizen.

Obwohl unzählige Daunendecken über einer einzigen Erbse lagen, konnte die Prinzessin nicht schlafen. Damit bewies sie, dass sie eine wahre Prinzessin war. Dieser Pfannkuchenauflauf schmeckt allen kleinen Prinzessinnen und Prinzen.

Es war einmal …

3 Eine feuerfeste, runde Form mit etwas Butter fetten. Einen Pfannkuchen in die Form legen, mit Erbsen und Schinken belegen und etwas Soße darüber geben. Auf diese Weise alle Pfannkuchen aufschichten. Den Abschluss bilden Pfannkuchen, Soße und Käse.

4 Den Auflauf im Backofen 25 Minuten backen. Zum Servieren wie eine Torte schneiden.

Heidis Käsebrot

Zubereitungszeit: etwa 15 Minuten

4 Scheiben Bauernbrot
8 Scheiben Ziegenkäse, z. B. Ziegengouda, Ziegenbutterkäse, Tinajeros (aus Spanien), Ribeauvire (aus Frankreich) oder Ziegenweichkäse

1 Backofen auf 200 °C (Umluft 180 °C) vorheizen und ein Backblech mit Backpapier belegen.

2 Brotscheiben auf das Backblech legen und mit je 2 Scheiben Ziegenkäse belegen. Im Ofen überbacken, bis der Käse geschmolzen und leicht gebräunt ist. Vor dem Servieren die Käsebrote mit einem scharfen Messer in Stücke schneiden.

Tipp
Das Rezept lässt sich auch für viele Esser schnell zubereiten – zum Beispiel beim Kindergeburtstag oder auch für eine hungrige Erwachsenenrunde als Imbiss zu einem Glas Wein.

Am besten schmeckte Heidi das vom Großvater zubereitete Brot mit Ziegenkäse. Dazu schmolz er den Käse auf einem Eisenspieß über der Feuerstelle. Bei uns geht es weniger rustikal zu, jedoch bleibt das Käsebrot eine vorzügliche Brotzeit am Abend.

Es war einmal...

Weiterführende Information

Deutschland:
Arbeitskreis Allergiekrankes Kind (AAK)
Nassaustraße 32
35745 Herborn
Tel. 02772/92 87–0
www.aak.de

Auswertungs- und Informationsdienst
für Ernährung, Landwirtschaft und
Forsten e.V.
Friedrich-Ebert-Straße 3
53177 Bonn
Tel. 0228/84 99-0
www.aid.de

Bundesarbeitsgemeinschaft Mütter-
und Familienselbsthilfe e.V.
Einsteinstraße 111
81675 München
Tel. 089/470 65 03
e-mail: bage.mitarbeit@t-online.de

Deutscher Allergie- und Asthmabund
Hindenburgstraße 110
41061 Mönchengladbach
Tel. 02161/18 30 24
www.daab.de

Deutsche Gesellschaft für Ernährung e.V.
Godesberger Allee 18
53175 Bonn
Tel. 0228/377 66 00
www.dge.de

Eltern werden – Eltern sein e.V.
Geißerstraße 17
45473 Mülheim/Ruhr
Tel. 0208/75 66 33

Forschungsinstitut für Kinderernährung
Heinstück 11
44225 Dortmund
Tel. 0231/71 40 21 (Broschüren-
bestellung)
www.fke-do.de

Mütterzentren-Bundesverband e.V.
Müggenkampstraße 30 a
20257 Hamburg
Tel. 040/40 17 06 06
www.muetterzentren-bv.de

Verband allein erziehender Mütter
und Väter (VAMV) e.V.
Bundesverband
Beethovenallee 7
53173 Bonn
Tel. 0228/35 29 95

Verbraucher-Zentrale NRW
Mintropstraße 27
40215 Düsseldorf
Tel. 0211/38 09–0
www.vz-nrw.de
Im Programm finden Sie viele nützliche
Broschüren oder Bücher zum Thema
Familie, Haushalt und Gesundheit.

Österreich:
NANAYA – Beratungsstelle für
Schwangerschaft, Geburt und
Leben mit Kindern
Zollergasse 37
1070 Wien
Tel. 0222/523 17 11
e-mail: nanaya@xpoint.at

Lungenunion
Selbsthilfegruppe Asthma, Bronchitis,
Allergie
Obere Augartenstraße 26-28
1020 Wien

Schweiz:
Dachverband Schweizerischer
Mütterzentren
c/o Sandra Hofmann
Ruchwiesenstraße 14
8404 Winterthur
Tel. 052/242 08 34

Schweizerische Gesellschaft
für Pädiatrie
Kinderklinik-Kantonspital
Spitalgasse
6000 Luzern 16

Weiterführende Literatur

- Dorsch, Walter/Loibl, Marianne: Hausmittel für Kinder, Gräfe und Unzer Verlag, München 2000
- Eichner, Cornelia: Wenn Mama früh zur Arbeit geht ..., Knaur Verlag, München 2003
- Keudel, Helmut: Kinderkrankheiten, Gräfe und Unzer Verlag, München 2001
- Loibl, Marianne/Braun, Stefanie: Das Alete-Kochbuch, Kösel Verlag, München 2002
- Schmelz, Andrea: Allergien bei Kindern, Gräfe und Unzer Verlag, München 1999
- Schneider, Vimala: Baby-Massage, Kösel Verlag, München 2000
- Velten, Heidi, u. a.: Harmonische Kindermassage, Kösel Verlag, München 2000

Rezeptregister

Die Rezepte sind jeweils
für 1 Person oder für
die ganze Familie
(4 Personen) berechnet.

Hinweis

Impressum

Hinweis

Bitte besuchen Sie uns im Internet: www.knaur.de

Weitere Titel aus den Bereichen Gesundheit, Fitness und Wellness finden Sie im Internet unter www.wohl-fit.de.

Die Autorin
Marianne Loibl ist selbst Mutter von zwei Kindern und zählt zu den »Top Ten« der Autoren auf dem Gebiet Kindergesundheit. Sie arbeitet als freie Journalistin und Autorin für die Bereiche Gesundheit, Ernährung sowie Frau und Familie. Von ihr sind bereits mehrere Ratgeber zum Thema erschienen.

Bibliografische Information: Die Deutsche Bibliothek
Die Deutsche Bibliothek verzeichnet diese Publikation in der Deutschen Nationalbibliografie; detaillierte bibliografische Daten sind im Internet über http://dnb.ddb.de abrufbar.

© 2004 Knaur Ratgeber Verlage.
Ein Unternehmen der Droemerschen Verlagsanstalt
Th. Knaur Nachf. GmbH & Co. KG, München
Alle Rechte vorbehalten.

Projektleitung: Kathrin Gritschneder
Redaktion: Dorothea Steinbacher
Bildredaktion: Sylvie Busche (Ltg.), Lena Wendte
Fotos: Mauritius/age/mauritius Seite 4/ferusson/mauritius Seite 11/vuk Seite 14;
Rezeptfotos: Rainer Schmitz
Umschlagfoto: FinePic, München
Illustration: ZERO, München
Umschlagkonzeption: ZERO, München
Herstellung: Dagmar Guhl
Layout, Reproduktion und Satz: kaltnermedia, Bobingen
Druck und Bindung: APPL, Wemding
Printed in Germany
Gedruckt auf umweltfreundlich chlorfrei gebleichtem Papier.

ISBN 3-426-66912-9